"十四五"职业教育国家规划教材

第**3**版

城市轨道交通客运服务

高蓉 主编

张景霞 副主编

张彦君 主审

人民交通出版社股份有限公司

北京

内 容 提 要

本书为"十四五"职业教育国家规划教材。全书从岗位需求和教学实际出发,以城市轨道交通运营服务岗位的典型工作任务之一——客运服务为基础,以服务流程为主线,由易到难设计教学项目和任务。其具体内容包括:城市轨道交通客运服务认知,客运服务人员礼仪准备,乘客日常服务,乘客特殊服务,乘客投诉处理,乘客服务质量改进。

本书为城市轨道交通运营管理专业核心课程教材,既可供职业院校教学使用,也可作为城市轨道交通企业岗位培训用书,同时也可供城市轨道交通行业从业人员学习参考。

本书配有PPT课件等教学资源,任课教师可通过加入**"职教轨道教学研讨群"**获取(教师专用QQ群,群号:129327355)。

图书在版编目(CIP)数据

城市轨道交通客运服务/高蓉主编. —3 版. —北京:人民交通出版社股份有限公司,2021. 11(2025. 7 重印)

ISBN 978-7-114-17688-3

Ⅰ. ①城… Ⅱ. ①高… Ⅲ. ①城市铁路—客运服务
Ⅳ. ①U239. 5

中国版本图书馆 CIP 数据核字(2021)第 256181 号

"十四五"职业教育国家规划教材
Chengshi Guidao Jiaotong Keyun Fuwu

书　　名	城市轨道交通客运服务(第 3 版)
著 作 者	高 蓉
责任编辑	司昌静
责任校对	孙国靖 扈 婕
责任印制	张 凯
出版发行	人民交通出版社股份有限公司
地　　址	(100011)北京市朝阳区安定门外外馆斜街 3 号
网　　址	http://www. ccpcl. com. cn
销售电话	(010)85285911
总 经 销	人民交通出版社股份有限公司发行部
经　　销	各地新华书店
印　　刷	北京市密东印刷有限公司
开　　本	787 × 1092　1/16
印　　张	12. 75
字　　数	296 千
版　　次	2011 年 6 月　第 1 版 2012 年 8 月　第 2 版 2021 年 11 月　第 3 版
印　　次	2025 年 7 月　第 3 版　第 6 次印刷
书　　号	ISBN 978-7-114-17688-3
定　　价	39. 00 元

(有印刷、装订质量问题的图书,由本公司负责调换)

≫ 前　言

修订背景

为适应城市轨道交通行业的快速发展,贯彻落实《国家职业教育改革实施方案》(国发〔2019〕4号)文件精神,满足现代学徒制、"岗课赛证"综合育人等人才培养模式改革需求,编者与北京地铁、京港地铁、杭港地铁等多家地铁运营企业深入合作,重新梳理岗位职业能力,以项目任务为载体,重构编写框架,重新整合客运服务相关教学资源,完成第3版修订。

修订重点

1. 以项目任务为载体,重构教材框架

利用可持续发展能力分析模型重新解析专业岗位群典型职业活动及职业能力,并进行课程转化,教材从乘客日常服务、乘客特殊服务、乘客投诉处理、服务质量提升依次递进,由易到难设计所有项目和任务,实施"教、学、做"一体化的项目式教学,"以学生为中心"进行教学设计与实施,每个任务采用【任务引入】【知识准备】【任务实施】【任务评价】【知识巩固】的结构进行编写,加大学生实训比重,突出客运服务核心职业能力,进一步培养通用能力、社会能力和发展能力。

2. 对接最新国家专业教学标准、职业标准及岗位标准,融入最新1+X职业技能等级标准,紧密贴合企业新技术新设备,调整教材内容

教材对接国家专业教学标准,精减了服务礼仪部分内容。随着城市轨道交通站车一体化、智慧运营的发展,运营服务类岗位标准发生了新的变化。为了满足企业实际需要,弱化了乘客日常服务的部分内容,增加了特殊乘客服务和应急服务的内容。融入城市轨道交通站务职业等级标准中客运服务模块的要求,引入企业最新售票方式、急救设备、无障碍设备设施等内容,增强了教材的实用性。

3. 配套教材电子活页,满足教师弹性教学、分层教学需求

为了满足教师的个性化教学需求,配套电子版活页(包括技能拓展工作页、双元教学任务页、客运服务案例等内容),满足教师弹性教学、分层教学需求。

4. 教学资源多样化,满足线上线下混合式教学需求

本教材配套动画、视频、课件、课程标准、习题库、案例库等形式丰富的助学助教资源,编写团队还在智慧职教MOOC学院开设慕课,供学习者使用。

编写团队

本教材由北京交通运输职业学院高蓉担任主编,张景霞担任副主编。具体编写分工如下:高蓉编写项目三至项目五;张景霞编写项目一、项目六;河北艺术职业学院刘丽媛编写项目二。参与编写的还有中国铁路济南局集团有限公司客运部高级工程师徐梦(项目四)、云南交通职业技术学院赵力耀(项目四)、北京交通运输职业学院刘莉娜(项目五)、北京交通运输职业学院王珂(项目六)。高蓉负责编写教材提纲和全书的统稿工作。神铁2号线轨

道交通运营有限公司客运中心经理张彦君担任主审。

　　本教材的编写参考引用了大量有关城市轨道交通的文献,以及北京、上海、广州等城市轨道交通企业的运营资料和相关文献。在此谨向有关专家及部门表达衷心的感谢!感谢人民交通出版股份有限公司编辑的大力支持和鼓励!

　　由于编者水平有限,书中不足之处,敬请读者批评指正。

作　者

2021 年 9 月

≫配套电子活页

根据《国家职业教育改革实施方案》《职业院校教材管理办法》《职业教育提质培优行动计划(2020—2023年)》的要求,本教材根据城市轨道交通客运服务课程的特点,采用电子活页的形式,便于任课教师开展个性化教学,积极践行低碳环保的印装形式。

电子活页包括三部分:第一部分是技能拓展工作页;第二部分是双元教学任务页;第三部分是客运服务案例。活页目录如下,详细内容扫描下方二维码获取。

二维码

电子活页

≫ 数字资源索引

序号	资源名称	页码	二维码	序号	资源名称	页码	二维码
1	男客运服务人员仪容修饰要求	26		10	地铁违禁物品介绍	63	
2	女客运服务人员仪容修饰要求	26		11	安检服务的基本流程	64	
3	修眉的步骤及注意事项	30		12	乘客携带宠物进站与工作人员发生冲突事件	65	
4	化职业淡妆步骤	31		13	TVM 购票引导服务	73	
5	站姿基本要求及禁忌	43		14	一卡通充值一次作业程序	77	
6	坐姿基本要求及禁忌	43		15	乘客携带超长物品进站的处理	90	
7	行姿基本要求及禁忌	46		16	工作人员未帮助推婴儿车事件	90	
8	蹲姿基本要求及禁忌	47		17	乘客与两名儿童共用一张车票进站事件	90	
9	引导礼仪	47		18	站台候车五部曲	94	

序号	资源名称	页码	二维码	序号	资源名称	页码	二维码
19	乘客强行上车事件	95		23	心肺复苏(二)	140	
20	乘客倚靠站台门与工作人员冲突事件	95		24	乘客被扶梯夹伤事件	142	
21	乘客突发疾病(癫病)的处理	139		25	乘客被碎玻璃割伤事件	142	
22	心肺复苏(一)	140					

≫ 目　　录

城市轨道交通客运服务认知

项目说明

　　城市轨道交通客运服务是指城市轨道交通运营企业为乘客安全、准时、快速、舒适、经济、文明乘车而直接开展的服务工作。客运服务作为城市轨道交通运营管理的重要组成部分，不仅是反映城市轨道交通服务质量的一个重要方面，也是保证城市轨道交通运营企业竞争力的关键。

　　本项目将从车站客运服务内容、服务人员、服务对象(乘客)三个方面进行阐述，为后续具体服务实施打好基础。

项 目 目 标

◎ **知识目标**

1. 了解客运服务的基本特性和服务分类。

2. 了解车站服务人员的职业道德、职业准则和素质要求。

3. 了解乘客心理及行为。

4. 掌握车站基本服务内容,理解车站客运服务的基本原则。

5. 掌握车站服务人员的岗位设置、岗位工作职责。

◎ **能力目标**

1. 能够根根车站服务的特性进行专业化服务。

2. 能够把握乘客需求,在各个服务环节提供有效乘客服务。

3. 能够以车站服务原则为指导进行乘客服务。

4. 能够执行服务员相关岗位工作内容和具体要求。

◎ **素质目标**

1. 培养以乘客为中心的服务理念,具备良好的服务意识。

2. 培养对客运服务工作的热情,逐步形成职业荣誉感和责任感。

3. 重视乘客心理诉求,关注乘客主观感受,树立同理心。

4. 包容乘客,耐心对待乘客个性行为。

◎ **建议学时**

6 学时。

任务一　客运服务内容认知

任务目标

知识目标

1. 了解客运服务的基本特性和服务分类。
2. 掌握车站基于乘客需求而进行的基本服务内容。
3. 理解并认同车站客运服务的原则。

能力目标

1. 能够根据车站服务的特性进行专业化服务。
2. 能够把握乘客需求,在各个服务环节提供有效乘客服务。
3. 能够以车站服务原则为指导进行乘客服务。

素质目标

1. 培养以乘客为中心的服务理念,具备良好的服务意识。
2. 培养对客运服务工作的热情,逐步形成职业荣誉感和责任感。

任务引入

某地铁车站站务员一天的工作内容如表1-1所示,请指出属于客运服务的工作内容。

某地铁车站站务员一天的工作内容　　　　　　　　　　　　　　　表1-1

时　　间	工　作　内　容
04:30	参加班前会
04:30—04:50	站台和站厅岗:巡视车站;开启车站的自动扶梯、电梯,如果是票务员,需要开启售票亭,领取票、卡、备用金
05:00	巡视出入口,开启站门
07:00—09:00	关注乘客乘降或在闸机旁边值岗
09:00—12:00	关注乘客乘降或在闸机旁边值岗,协助将票款交往站区
15:30—16:00	回收闸机中票卡
17:00—19:00	关注站台乘客乘降或在闸机旁边值岗
20:00—21:00	回收闸机中票卡
21:00—22:00	清空部分自动售票机
末班车到达半小时以前	摆放告示
末班车到达5min以前	停止售票,在闸机旁边值岗,巡视车站
末班车离开	关闭车站,交接票款,清空闸机和自动售票机
00:00—04:00	通宵夜班

📖 **知识准备**

一　客运服务的概念

　　城市轨道交通客运服务是城市轨道交通工作人员为了保证乘客安全、准时、快速、舒适出行提供的所有劳务活动，既包括站务人员的窗口服务，也包括维修维护等人员的后台服务。车站客运服务是本课程的核心内容，主要是指城市轨道交通服务人员在车站为满足乘客需求提供的具体服务。

二　客运服务的基本特性

1. 无形性

　　客运服务属于无形产品，乘客在购买服务之前，看不见、摸不着、闻不到，这就要求作为服务提供者的城市轨道交通运营企业必须增强服务的有形性，尽可能通过实物的方式来表现出自身的服务水平，如整洁的车站环境、有序的客流组织、清晰明确的导向标志等。

　　📚 **想一想**

　　城市轨道交通客运服务水平可以通过哪些有形方式来体现？

2. 即时性

　　客运服务的即时性是指城市轨道交通客运服务具有无法储存的特点。服务过程一结束，服务就消失，乘客即使不满意也无法更换或退回服务，这样，就不能像有形产品那样通过更换商品来使乘客满意，挽回不良影响。

　　客运服务的即时性使城市轨道交通运营企业对服务供给量及服务时间难以进行准确的预测，从而造成运营企业不能准确根据服务市场的供求变化来调节自身的服务供给，容易造成客运服务能力供给不足或浪费。

3. 同时性

　　客运服务的同时性是指客运服务的生产过程和消费过程在空间和时间上同时存在，同时进行。从运输企业的角度来说，运输过程就是服务的生产过程，而从乘客的角度来看，则是消费过程。一方面，乘客参与服务提供的过程；另一方面，乘客的参与对运营企业的服务时间、服务质量和服务设施的提供都造成了不确定性影响，从而给服务质量的管理和控制带来困难。

4. 差异性

　　客运服务的水准和质量常因人、因地、因时而异，任何客观条件和主观心理的变化都有可能使服务出现差异。服务是由客运服务人员通过劳动来完成的，而每位服务人员由于年龄、性别、性格、素质和文化程度等方面的不同，他们为乘客提供的运输服务也不尽相同，即使是同一员工在不同的场合、不同的时间或面对不同的乘客，其服务态度和服务方式也会有一定的差异；同时，对于乘客来说，在不同的时间也会存在服务需求的差异。服务的差异性给服务评价带来了更多的不可量化性。

三　客运服务的分类

1.按照服务时间和销售时间划分

按照服务时间和销售时间不同,可以将服务划分为售前服务、售中服务和售后服务。售前服务是指服务时间早于销售时间的服务,售中服务是指服务时间与销售时间同步的服务,售后服务是指服务时间晚于销售时间的服务。

对于城市轨道交通客运服务来说,既有售前服务,又有售中服务和售后服务。售前服务是指乘客购票之前接受的服务,主要包括乘客到达车站后的问询服务、自助查询服务、导向服务等;售中服务是指乘客在购票过程中享受的服务,主要包括乘客的购票服务、找零服务、兑换服务和问询服务等;售后服务是指乘客购票进入车站付费区后的全部服务,它占有的比例最大,主要包括检票服务、列车服务、站台服务等,该服务一旦出现缺失,将会给运营企业带来不良的影响。

2.按照提供服务的主体划分

按照提供服务的主体不同,可以将服务划分为人工服务和自助服务。自助服务主要是通过自助设备设施向乘客提供所需要的服务,如自动售票机提供的售票、充值和查询服务。在该种服务下,服务人员必须保证设备设施的干净整洁和可操作性。人工服务主要是依靠服务人员与乘客交流,询问相关信息,利用相关设备提供乘客所需要的服务,如安检服务、售票服务等。对于该类服务,服务人员的服务态度和工作效率具有至关重要的影响。

> **想一想**
>
> 地铁车站的自助服务设备有哪些?如何保证其可操作性?

3.按照是否需要和乘客直接接触划分

按照是否需要和乘客直接接触,可以将服务划分为前台服务和后台服务。前台服务是指直接和乘客接触的服务,这类服务直接面向乘客,形成乘客对服务质量的感知,因此,前台服务是服务的核心。后台服务不直接面向乘客,而是为前台服务提供技术性和管理性工作,它是对前台服务的一种支持。

四　客运服务的内容

1.城市轨道交通运营企业的整体服务

城市轨道交通运营企业的整体服务见图1-1。

2.车站服务的具体内容及乘客需求(图1-2)

乘客从进入城市轨道交通车站开始就接受服务,一直到乘客在目的地下车出站。因此,乘客乘坐地铁的过程(图1-3)就是车站服务的过程,每个环节都需要服务人员热情、周到、细心。

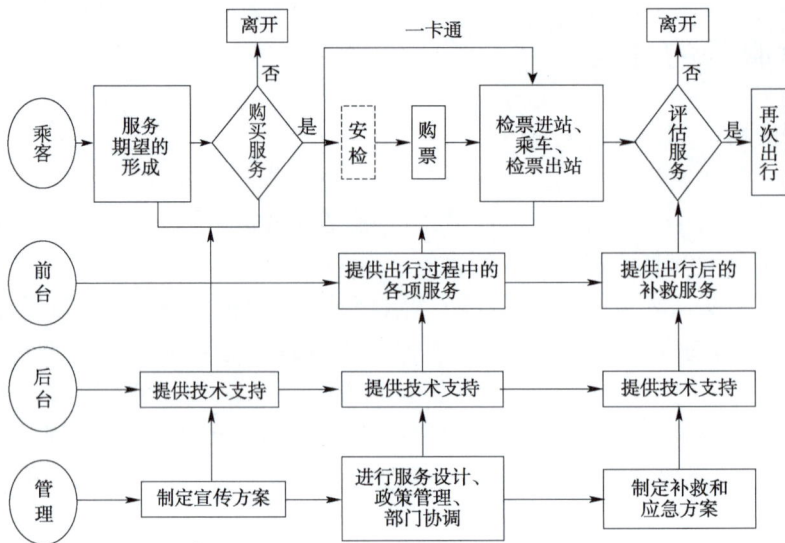

图 1-1　城市轨道交通运营企业总体服务

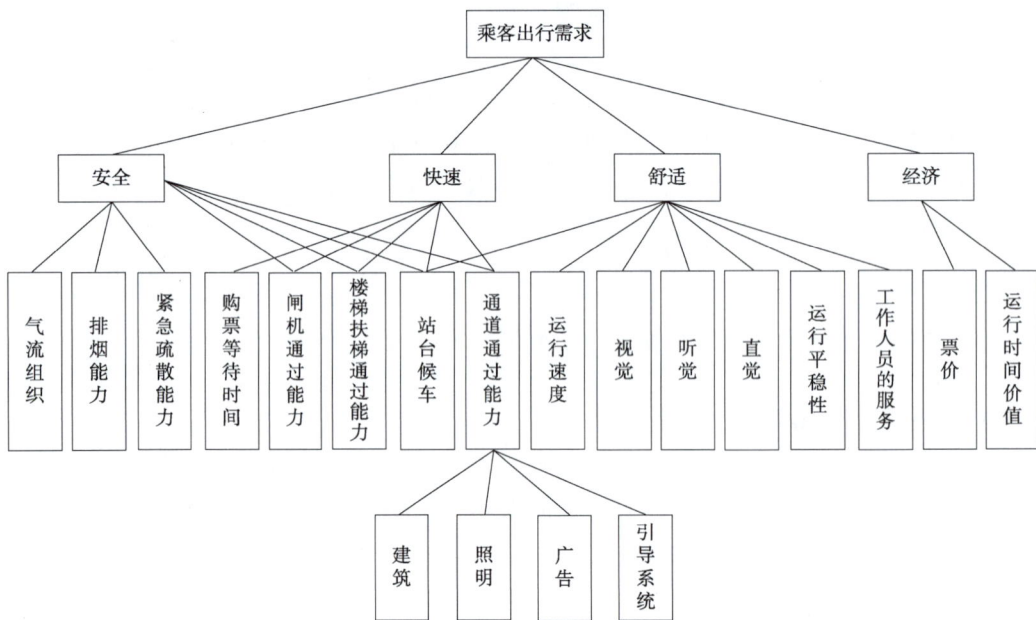

图 1-2　乘客出行需求

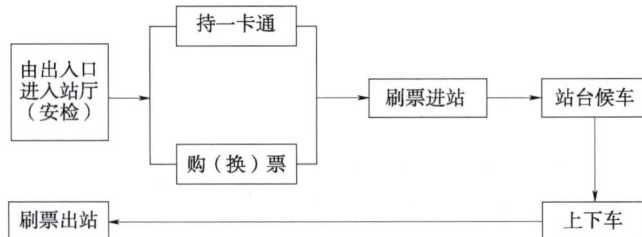

图 1-3　乘客乘坐地铁过程

（1）出入口进入站厅（安检）

①乘客需求：车站位置合理，出入口容易找到，引导标志明确，安检效率高。

②服务基本内容：这是车站服务工作的开始，服务内容主要包括安检服务、问询服务和引导服务。安检是乘客进入城市轨道交通车站的第一环节，此处也是车站最容易发生拥堵的地方之一，所以服务人员一方面需要做好引导工作，同时还要负责保障乘客财物的安全，维持好秩序。

（2）购（换）票服务和充值服务

①乘客需求：车站非付费区应合理设置自动售票机和售票亭，并保证售票设备不被其他用途的设施遮挡，引导指示明确，标志醒目，购票充值等候时间不长。

②服务基本内容：乘客进入车站付费区前需要购票，其方式有人工售票和自助售票两种，为持一卡通的乘客提供充值服务。服务人员应协助指导乘客规范使用自动售票机、自动充值机、自动查询机，严格按照票务管理的相关作业程序进行作业，做到热情、准确、迅速。

（3）刷票进站

①乘客需求：闸机位置醒目，指示明确，能快速通过闸机。

②服务基本内容：乘客购票后，将所持车票放在刷卡区域，经检票无误后，闸机释放，让乘客通过闸机进入付费区。服务人员需要提供问询服务、处理坏票服务和提醒服务。

（4）站台候车

①乘客需求：方便到达站台，舒适候车，明确自己所乘列车的进站时刻和方向。

②服务基本内容：引导乘客文明乘车，向乘客宣传在黄线以内候车，维持站台候车秩序，阻止乘客在站台追逐打闹、跳下站台等行为。

（5）上下车

①乘客需求：广播系统提供有效提示，上下车秩序良好、安全快速。

②服务基本内容：主要包括维护站台的乘降秩序，提醒乘客先下后上，在车门或站台门开关过程中，制止乘客强行上下列车行为，车门或站台门关闭后，禁止扒门等行为。

（6）刷票出站

①乘客需求：出站闸机引导指示明确，能够快速出站，票务问题处理等候时间短。

②服务基本内容：乘客乘坐城市轨道交通到达目的车站后，需从闸机处刷卡出站。和进站服务一样，服务人员需要提供问询服务、处理坏票服务和提醒服务。

五 客运服务的原则

1. 以乘客为中心

客运服务本身旨在帮助乘客，解决乘客遇到的不便，给乘客带去便利和舒适。客运服务人员在服务过程中要始终坚持以乘客为中心，提升服务质量。

对待乘客要一视同仁，无论什么种族、什么性别、什么地域、什么性情的乘客，都应该给予同等的服务，要尽可能帮助乘客解决问题。

🎓 **思政课堂** ┄┄┄┄┄┄┄┄┄┄┄┄┄┄┄┄┄┄┄┄┄┄┄┄┄┄┄┄┄┄ ▫▫▫▫▫▫

【素养目标】 树立以乘客为中心的理念,培养良好的服务意识,服务城市交通出行。

8月11日下午,有市民给城阳巴士第一分公司打来表扬电话,称自己在乘坐902路公交时发现,有三个身穿公交制服的职工撑着伞,在每辆进站的公交车门前依次排成一排,为上车的乘客遮雨。"面对暴风雨,别人都在躲雨,而公交职工却有迎难而上的精神,非常值得赞扬。"张先生说。

原来,8月11日,青岛受第9号台风"利奇马"影响,部分地区出现强降雨并伴有大风。"候车亭和公交车之间有两米左右的距离,很多乘客上车时必须要把伞收起来才行。在暴雨中,就是这两米的距离,也足以让乘客全身湿透,因此我们三个人决定用自己的伞筑起一段'避雨走廊',让乘客在上车过程中也不会被淋湿。"城阳巴士公司902路公交车驾驶员李波说。

┄┄

2. 尊重乘客

尊重乘客就是要在服务过程中,将对服务对象的尊重放在首位,不能伤害服务对象的自尊心,更不能侮辱对方的人格。

📚 **练一练**

某天,有一位乘客进站后没有赶上地铁末班车,大吵大闹。试扮演车站服务人员,接待这位余怒未消的乘客。

3. 以理服人、得理让人

乘客的构成是十分复杂的,要能够与修养程度参差不齐、脾气性格各异的乘客交往。矛盾在所难免,在处理这些矛盾时,既要坚持原则,又要讲文明礼貌,保持对乘客的尊重。

以理服人、得理让人指的是服务人员在矛盾面前不是一句话不讲,而是要心平气和、有礼貌地说理,有了理又要本着弱化矛盾的态度宽以待人,做到得理让人。对于一般的无理乘客,客运服务人员只要坚持耐心诚恳的态度,始终对他们保持信任和尊重,争取他们的态度转变是有可能的。

📖 **任务实施** ◢◢◢

车站运营服务内容调研

任务描述:选取任一地铁车站,以乘客身份体验乘车服务全过程,然后完成"某车站运营服务调研"。

任务要求:

(1)乘车过程中拍摄记录每个乘车服务环节(进站、安检、售票、监票、候车、乘降、换乘和出站)的服务设备、服务环境。

(2)记录车站其他服务内容的服务情况(无障碍设施、广告、自动售卖机等)。

(3)分析车站环境、服务环节的优点或不足,如果可能,请给出解决问题的建议。

(4)3～5人一组,完成PPT制作和分享。

任务评价

任务评价表如表 1-2 所示。

任 务 评 价 表   表 1-2

评 价 项 目	评 价 标 准	得 分	备 注
PPT 制作 (30分)	1.PPT 播放流畅,运行稳定(5分)		
	2.PPT 采用文字、图片、视频、图表等多种表达方式(10分)		
	3.整体界面美观,布局合理,字体清晰、大小合理、层次分明(10分)		
	4.结构合理、逻辑顺畅、过渡恰当,整体风格统一协调(5分)		
调研内容和结果 (40分)	1.调研车站选取有针对性(5分)		
	2.调研内容全面、完整(5分)		
	3.针对车站环境的优点及存在的问题分析合理、准确,改善措施有效(15分)		
	4.针对车站无障碍设施的调研全面,问题提出合理有效,改善措施有效(15分)		
PPT 汇报 (30分)	1.声音响亮(10分)		
	2.语言表达得体、流利,具有感染力(10分)		
	3.反应灵活,能恰当回答别的小组的提问(10分)		

知识巩固

一、不定项选择题

1.乘客对乘客服务中心服务的基本需求不包括( )。

  A.合理的设置售票设备和售票亭   B.引导指示明确,标志醒目

  C.购票充值等待时间不长   D.安检速度快

2."对于站务员来说,乘客服务是最有挑战性的工作之一,需要很强的应变能力、沟通能力和职业素养。"这句话反映了客运服务的( )特性。

  A.无形性   B.公益性   C.公共性   D.同时性

3.客运服务按照是否需要和乘客直接接触划分为前台服务和( )。

  A.售后服务   B.后台服务   C.售前服务   D.自助服务

4.乘客进出站服务的主要需求包括( )。

  A.合理设置安检的位置   B.合理设置闸机的数量

  C.进出站闸机引导指示明确,标志醒目   D.保证站台候车秩序合理有序

二、简答题

1.城市轨道交通客运服务的基本特性有哪些?

2.列举城市轨道交通客运服务的具体内容和乘客需求。

3.阐述城市轨道交通客运服务的原则。

任务二　客运服务岗位认知

任务目标

知识目标

1. 了解车站服务人员的职业道德、职业准则和素质要求。
2. 掌握车站服务人员的岗位设置、岗位工作职责。

能力目标

1. 能够按照职业准则和职业素质要求提供乘客服务工作。
2. 能够执行服务员相关岗位工作内容和具体要求。

素质目标

具备良好的职业道德和职业准则,爱岗敬业,上岗上心,服从指挥,弘扬工匠精神。

任务引入

一位女乘客在某站站台去洗手间,按照提示牌提示向南走了一会儿后询问保洁员洗手间的位置,保洁员告知其洗手间在北面,结果乘客向北走了很远也没找到洗手间,最后还是在南面找到了洗手间,乘客非常生气,向值班站长投诉。值班站长对其说:"厕所上完了吗?找到了就行,保洁员是外包公司的,不是我们自己的员工。"乘客感到非常不满,认为值班站长是敷衍,要求值班站长和保洁员电话回复并赔礼道歉。

想一想:值班站长和保洁员需要道歉吗?为什么?

知识准备

一　车站服务人员管理架构

车站是城市轨道交通系统的重要组成部分,是运营企业与乘客的主要联系环节。一般来说,车站常驻人员主要有:站区长、值班站长、车站值班员、车站自动化设备综合控制员(以下简称综控员)、站务员、保安人员、保洁人员、设备维修人员、地铁公安人员等。

车站管理模式采用值班站长负责制,负责当班期间车站的行车安全、客运服务、票务服务、环境清洁、事件处理、人员管理等工作。在值班站长的指挥下,各岗位工作人员按照岗位职责和工作流程开展工作。

一般情况下,车站实行层级负责制,由上至下的顺序依次为站区长、值班站长、综控员、站务员。信息汇报实行逐级汇报,特殊情况下可越级管理、越级汇报。

站务员是车站的基层员工,听从车站值班站长和综控员指令,按工作地点划分,可分为票务岗、监票岗和站台岗。

车站管理架构如图1-4所示。

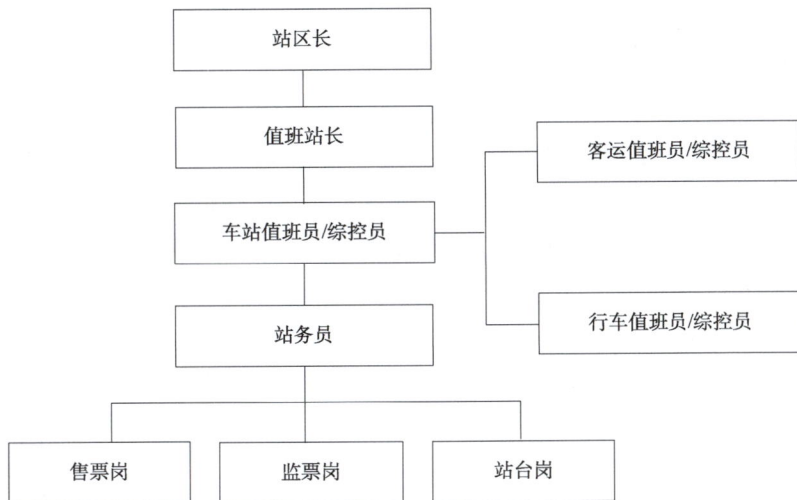

```
                    ┌──────────┐
                    │  站区长   │
                    └────┬─────┘
                         │
                    ┌────┴─────┐
                    │  值班站长  │──────────┐
                    └────┬─────┘      ┌────┴──────────┐
                         │            │ 客运值班员/综控员 │
                    ┌────┴────────┐   └───────────────┘
                    │ 车站值班员/综控员│─────┐
                    └────┬────────┘    ┌────┴──────────┐
                         │             │ 行车值班员/综控员 │
                    ┌────┴─────┐       └───────────────┘
                    │  站务员   │
                    └────┬─────┘
           ┌─────────────┼─────────────┐
      ┌────┴────┐   ┌────┴────┐   ┌────┴────┐
      │  售票岗  │   │  监票岗  │   │  站台岗  │
      └─────────┘   └─────────┘   └─────────┘
```

图1-4 车站管理架构

二 岗位职责和工作内容

1. 站区长

(1)制订站区工作计划、任务及服务方针,确保各车站人员按要求提供安全及高效的车站服务,维护公司的整体形象。

(2)制订车站人员值班表,确保车站工作的安排、指导、检查、监督、评价和考核工作能适当及公平公正地执行,减少内部冲突,保持车站团队的伙伴合作精神,营造积极向上的良好工作氛围。

(3)指导管理所辖范围内的工作,并保证及时、安全、高效地处理突发事件,以便尽快恢复客运服务,做好恢复、善后及预防的工作。

(4)指导车站人员提供安全高效的乘客服务,向所有车站人员传达车站服务的要求标准及重要性,并适当地指导车站人员认真处理乘客投诉,分析其产生的原因,并制订相应的整改措施。

(5)在管理车站客流方面,要采取多项措施确保各车站值班站长能透过控制手段,对车站客流做出适当的调整及疏导,以配合正常、降级和紧急的情况。

(6)安排车站人员重温培训及资格的考核,包括模拟测试、当地的培训及演练,以期提高车站人员的服务水平及应急处理能力。

2. 值班站长

(1)协助管理并监督车站内的所有活动,包括维修工作和票款的收集。

（2）协助制订站务人员排班表，确保站务工作的安排、指导、检查、监督、评价和考核工作能公平、公正地执行，减少内部冲突，以营造及维持站务室内的团队伙伴合作精神。

（3）在处理重大故障或事故时，确保与运营控制中心保持紧密的沟通合作，在最短时间内恢复运营。

（4）确保车站人员提供安全而高效的乘客服务，需向所有站务员传达站务服务的要求标准及重要性，并适当地运用站务室各种资源，让站务人员执行站务工作以配合正常、降级和紧急的情况。

（5）定期安排本班站务人员重温培训及资格的考核，包括模拟测试、车站培训及演练，以期提高站务人员的服务水平及应急处理能力，使站务人员时刻保持较高的服务水平和能力。

3.车站值班员/综控员

（1）严格遵守并执行上级指示、命令和有关规章制度。

（2）负责与行车调度员联系，接收调度命令，统一指挥车站行车工作。

（3）负责监视车站控制台和列车运行情况，根据行车调度员的指示办理各项行车作业，按规定做好施工管理及组织工作。

（4）负责环控、火灾报警及各类图像监控设备的监控、现场确认与处理。

（5）负责自动售检票系统的监控、更换票箱及相关数据的采集、统计。发现危及行车或人身安全的紧急情况及时制止，按规定处理。

（6）回收票箱、钱箱，清点，上传数据和统计。

4.站务员

（1）负责在售票室处理坏票、补票，保证票款的正确和安全，帮助乘客换取福利票，处理一卡通发售、充值等相关服务。

（2）处理乘客投诉和乘客问询工作，接受乘客捡拾物品。

（3）负责维持站台秩序，组织乘客有序乘降，巡查站台，制止并处理乘客违反城市轨道交通运营管理相关规定的行为。

（4）负责客流组织工作，必要时采取一定的限流措施。

（5）关注行动不便乘客，必要时帮助其上下车。

（6）简单处理车门、站台门故障，协助值班站长进行事故处理。监视列车运行状态，发现异常情况及时处理。

三　职业道德

1.爱岗敬业，勇于奉献

车站员工要热爱并专注于城市轨道交通事业，有较强的责任心，品格端正，具有良好的心理素质，时刻将企业利益、岗位责任放在首位，不因私利而损公，甘于为城市轨道交通事业奉献才智。

🎓 **思政课堂** -- □ □ □ □ □ □

【素养目标】　具备良好的职业道德,爱岗敬业。

"最美司机"吴斌

2012 年 5 月底,吴斌兢兢业业地驾驶着自己的客车从无锡出发,返回杭州。当吴斌行驶在高速公路上时,原本空无一物的视线中,一个黑点却在不断地放大。而在吴斌察觉不妙的时候,已经来不及了。一块黑色的铁块击穿了车前的玻璃,狠狠地砸中了他的腹部。吴斌在一阵颤抖之后,感受到了腹部传来的剧痛。

在这样的危急关头,他紧紧地握住了方向,将右腿伸直,踩住了刹车。客车就这样刹住了,停在了路边。据事后出警的民警观察说,客车的刹车印是笔直的,这意味着吴斌在忍受着剧痛的同时,稳稳地将客车停了下来。吴斌在停下车后,及时地疏散了车上的乘客,在完成了这些后,他便倒在了自己的工作岗位上,昏厥了过去。随后,乘客们发现了不对劲,才拨打了急救电话。在救护车到来后,虽然医护人员进行了抢救,多位专家进行了紧急会诊,但是吴斌还是在两日后,因为伤势过重而不幸地离开了。在告别仪式上,获救的乘客尽数赶到了现场,向这位杰出的司机鞠躬敬礼。吴斌虽然离开了,但是他的精神永远地伴随着我们。

"最美司机"吴斌在被铁器击穿腹部的一分多钟时间里,忍受着肝脏破裂的剧痛,坚持完成停车等一系列规定动作,换挡、减速、停车、拉手刹、打开双闪灯、开车门,让乘客安全下车,而后他才倒下。他生命的最后举动,说明在他心里,时刻想到的是要对乘客的安全负责,他虽然是一个普通人,却体现出了高尚的人格和职业道德。

职业道德是一种基于热爱的对工作对事业全身心忘我投入的精神境界,其本质就是奉献精神。吴斌对长途汽车司机这份职业的热爱而产生的全身心投入的精神,是一种对工作认真负责的工作态度。他有着无私奉献的意识,发自内心的敬业精神,把职业当作事业来对待。

□ □ □ □ □ □ --

2. 遵纪守法,恪尽职守

员工需遵守国家法律法规,遵守企业各项规章制度及劳动纪律,在工作中恪尽职守,不利用岗位之便谋取不正当利益。

🎓 **思政课堂** -- □ □ □ □ □ □

【素养目标】　具备良好的职业准则,做到上岗上心,懂法守则。

2003 年底到 2004 年 2 月,短短的两个月时间,国内发生了两起重大人员伤亡事故。

在重庆开县"12·23"井喷事故中,班组长忽视生产安全,不履行监督职责;一线技术工人违反操作规程;企业高级管理人员平时准备不足而在抢救时忙中出错、指挥失当,造成井喷失控,使事故扩大。这起事故造成 234 人死亡。

吉林中百商厦"2·15"火灾惨剧,竟是因商厦一名雇员随手扔出一个没有熄灭的烟头引起。烟头引燃了仓库,结果大火造成 54 人死亡。这名火灾肇事者最后被判刑 7 年。宣判前,他向记者说:"如果世界上有后悔药,就是用我的命去换,我也干,哪怕因此仅能挽救一个在火灾中丧生的人也值得……枪毙我都活该。"偶然性里总是有其必然性。在火灾发生前,消防部门就发现存在一些安全隐患,并就此向中百商厦下达了《责令限期改正通知书》,但中百商厦的主要负责人却没有落实。

3. 主动服务,热情细致

车站员工在工作中要时刻牢记"乘客至上、服务至微"的服务理念,不断深化服务内涵,提高服务质量,待客主动热情,于细微处见服务真情。

📝 案例导读

2019年1月14日9:35,忙碌的周一早高峰刚刚过去,某地铁车站的站务员肖雄正一如往常地进行着巡站工作。突然,他听见站台的女卫生间内发出了几声异响,只见一位女乘客面色苍白地蜷缩着。肖雄查明情况后,立刻上报综控室,召集车站的同事前来支援。原来,这位乘客张女士刚刚做完甲状腺肿瘤手术,还在康复阶段。当大家将她搀扶至站台无障碍卫生间时,张女士已经开始出现呕吐和抽搐现象。在值班站长的组织下,车站员工马上兵分三路展开救援——现场人员负责为张女士进行简单急救,综控室值守人员即刻上报OCC(运营控制中心)召唤急救车;与此同时,值班站长通过张女士的手机联系上了其好友。在将情况告知对方后,张女士的好友动身前往车站。随后,驻站民警也火速赶来。众人将张女士从卫生间转移到下行站台头端,等候急救车的到来。为了尽量缓解张女士的不适感,车站一名员工迅速找来防潮垫,为她铺垫在身下,并脱下自己的大衣盖在张女士身上,为其保暖。在等候过程中,张女士不断呕吐,车站工作人员便一次次地清理、一声声地安抚着……10:19,急救车到达车站进站口。在车站员工和驻站民警、辅警的通力配合下,大家为张女士让出了一条"生命之道",救护人员一路畅通无阻,顺利用担架将张女士抬上了救护车,前往医院。看着救护车飞驰而去,大家悬着的那颗心终于落地了,车站又恢复了往日的熙熙攘攘。车站员工们相视一笑,随意擦了擦额头上的汗水,再度携手投入到了平凡而又不平凡的地铁运营工作中去……

4. 严守流程,规范执岗

车站员工要严格遵照岗位工作流程开展工作,规范执岗形象和岗位流程。

5. 维护企业,忠于职守

车站员工要热爱企业,忠于职守,自觉塑造企业形象,保障企业利益,维护企业声誉,深刻理解并认同企业文化,自觉实践企业理念,开拓进取,争做优秀企业员工。

6. 反馈信息,准确及时

车站员工在工作中要注意运营情况变化,对各种信息要积极报告,加强反馈,确保信息传送及时准确,积极应对和解决各种突发情况。

四　职业素质要求

1. 主动热情

主动热情是指服务人员即使在乘客暂时不需要服务时,也要眼观六路,耳听八方,心里想着乘客、眼里看着乘客,为乘客提供服务。优秀的服务人员往往能够在乘客尚未发出"请提供服务"信息之前就能察言观色,主动服务。除此以外,客运服务人员要保持持久的热情。无论乘客如何挑剔,也无论受到了多大的委屈,始终要以积极热情的态度面对每一位乘客。这种热情要建立在以服务为荣的基础上,同时体现在更高的服务标准上。对于城市轨道交通服务人员,主动热情之于服务标准,主要是做到"三多""四到"。

"三多"指:

(1)多巡视。按车站巡视要求加强对出入口、通道、站厅和站台的巡视。

(2)多观察。对设备和乘客动态要多观察,及时处理异常情况。

(3)多提醒。主动提醒乘客安全候车、有序乘车。

"四到"指:

(1)心到。精神高度集中,随时应对异常情况,妥善处理。

(2)话到。主动提醒乘客安全候车,礼貌疏导客流,及时制止乘客的违章行为。

(3)眼到。密切注视乘客情况、服务设备设施及列车运行状态。

(4)手到。遇到影响乘客安全或车站服务的情况时,应立即采取相应的行动。

2. 用"心"服务

城市轨道交通服务人员的服务用"心"主要体现在服务人员必须具备责任心、耐心、细心和同理心,才能打动乘客,实现优质服务。

具有责任心是任何岗位都必须具备的良好品质。服务人员经常与乘客打交道,更需要立足岗位职责,充分认识履行岗位职责的重要意义,尽职尽责,树立强烈的责任感和使命感。

服务人员每天与形形色色的乘客打交道,经常做一些重复性工作,需要不厌其烦,有足够的耐心应对乘客,耐心地解释及回答询问,满足乘客需要。

一线服务工作非常烦琐,服务人员一点点的错漏和贻误,都可能给乘客带来不便甚至引发乘客不满,另外也会耗费服务人员更多的时间和精力来处理。细致用心则可以尽可能地减少这类失误。

同理心就是把自己当作乘客,设身处地体会乘客的处境和需要,急人之所急,给乘客提供更好的乘车体验。

3. 控制情绪

作为一名优秀的客运服务人员,应善于控制自己的情绪、约束自己的情感、克制自己的举动,无论与哪一类型的乘客接触,无论发生什么问题,都能够做到镇定自若,不失礼于人。

当乘客有不满情绪时,往往会对服务人员提出批评,这种批评可能会在不同场合以不同方式提出来。当乘客在公开场合向服务人员疾言厉声时，往往会使人难以接受。遇到这种情况，客运服务人员首先需要冷静，不能急于与之争辩，切不可针锋相对，使矛盾激化，难以收拾。如果乘客无理取闹，可以交于相关部门或人员解决。

当乘客不礼貌时，更要做到有礼、有利、有节地解决问题。

有礼，即临辱不怒。面对乘客的不礼貌，客运服务人员不应生气发火，而应沉着冷静，以妙语应粗语，以豁达应愚昧，以文雅对无礼，使无理乘客对自己的行为过意不去，只有这样，才不至于使自己陷入被动的境地，才能够维护企业的窗口形象。

有利，即动之以情，晓之以理。虽然某些乘客态度生硬，但是一旦发现自己理亏，得不到大多数人的支持，还是会有所收敛。

有节，乘客是服务对象，不能因为乘客有过错而心存芥蒂。因为和乘客争论，最终受到损失的是企业而不是乘客，同时，对乘客的宽容也会得到回报。

案例导读

在2005年7月的一次突发事故中，哈尔滨客运段有18次列车受阻，晚点在10个小时以上的列车就有7次。天津车队担当的大连临客，在开原站受阻4个多小时，4号车厢的乘客情绪激动，列车长受到围攻和谩骂。他在这节车厢向乘客鞠躬30多次，最终感动了乘客。为了保证餐饮的正常供应，每位服务人员在早晨只喝了一碗粥，并继续为乘客提供细致的服务。这种精神感化了大家，乘客主动帮助服务人员清理车厢卫生，还组织了义务宣传队，到各车厢宣传文明乘车，最终列车安全到达目的地。从上述事件中可以看出，在面对乘客的不满情绪和过激言行时，服务人员除了代表铁路部门进行道歉外，还需用良好的服务去稳定乘客情绪、化解矛盾。

4.处变不惊

列车及车站就是一个社会，各式各样的人都有，各种情况和突发事件都有可能随时发生。因此，客运服务人员一定要有处变不惊的能力。在面对一些喜怒无常、无理纠缠的乘客时，在遇到列车晚点、发生突发事件时，客运服务人员都需要"临变不乱"，以应对各种突发状况。这就要求服务人员熟知各类应急处置预案，培养良好的心理素质。

任务实施

车站客运服务人员典型事迹收集与分享

任务描述：收集车站客运服务人员的典型事迹，进行课堂分享。

任务要求：

(1)典型事迹要和车站客运服务人员的职业道德、职业准则或职业素质要求相关。

(2)3~5人一组，以小组为单位进行课堂分享。

(3)课堂分享方式不限（PPT演示、视频展示、现场演讲等），时间不得多于5分钟。

任务评价

(1)班级全员参与，采用现场匿名的方式进行评分，任务评价表如表1-3所示。

（2）随机抽取同学进行现场点评。

任 务 评 价 表　　　　表 1-3

评价项目	评价标准	得　　分	备　　注
典型事迹内容 （40分）	1.是真实事迹（需标明出处）（10分）		
	2.典型事迹和职业道德、职业素质相关（10分）		
	3.事迹描述结构完整、逻辑清晰（20分）		
事迹分享 （60分）	1.语言表达流畅连贯、声音响亮（20分）		
	2.表达简洁，不罗嗦、不赘述，无过多口头语（如嗯、呃等）（10分）		
	3.分享时间控制在 3～5 分钟（10分）		
	4.选用合适的分享方式，现场效果好（10分）		
	5.典型事迹有分析和升华（10分）		

知识巩固

一、不定项选择题

1.城市轨道交通车站站台岗站务员的工作职责包括（　　）。

A.监票服务　　　　　　　　B.协助更换票箱

C.站台门故障处理　　　　　D.保证站台乘客安全

2.站务员一般来说可以分为（　　）岗位。

A.站台岗　　　　　B.站厅岗　　　　　C.出入口岗　　　　　D.票务岗

3.站务员的直属上级是（　　）。

A.值班站长　　　　B.行车调度员　　　　C.行车值班员　　　　D.站区长

4.关于值班站长负责制，下列说法正确的有（　　）。

A.值班站长负责当班期间车站的行车安全、客运服务、票务、环境清洁、事件处理、人员管理等工作

B.值班站长负责所有的乘客服务和事务处理工作，但环境清洁等工作已经被外包，不归值班站长管

C.值班站长负责管理本车站所有工作人员的人事工作和排班工作，不用负责现场的服务工作

D.值班站长在车站里只管理乘客，而行车安全只能是行调负责，和值班站长没关系

二、简答题

1.城市轨道交通服务人员的职业道德包括哪些内容？

2.请画出车站服务人员的管理架构图。

3.请列举站务员的岗位职责。

任务三　乘客心理认知

任务目标

知识目标

1. 了解乘客共性心理和行为。

2. 了解乘客个性心理和行为。

能力目标

1. 能够识别乘客的共性心理需求，提供高质量的服务。

2. 能够判断乘客的个性心理需求，减少服务纠纷。

素质目标

1. 重视乘客心理诉求，关注乘客主观感受，树立同理心。

2. 包容乘客，耐心对待乘客个性行为。

任务引入

　　南京的李先生带母亲去以服务著称的海底捞就餐，当时想的是能让母亲好好地吃一顿饭，但是海底捞的服务员对母亲嘘寒问暖，可谓是无处不在，这让母亲感到非常不适。所以李先生希望海底捞能够将原有服务改进。对于李先生的质疑，网友也展开了激烈的讨论。部分网友认为：对食客的关注和照顾恰恰让顾客体验到了被尊重的感觉。也有网友认为：在家庭聚会或者一些朋友聚会时，服务就应该随性一点，这样给顾客一些空间。其实服务本身没有标准，每一位顾客都有自己的选择和偏好。

　　客运服务工作也是一样，只是单纯地热情、勤快、主动服务，而没有考虑乘客的心理需要，结果往往事与愿违。有时越勤快、主动，越让乘客产生反感。要想提供有针对性的服务，客运服务人员必须学会观察、了解、掌握乘客的心理需求，尤其是乘客的个性心理需求，从而探索服务规律，提高服务水平。

知识准备

一　乘客共性心理与行为

1. 安全心理与行为

安全是乘客出行的基本需求，包括人身安全和物品安全。人身安全即不发生人身伤害；

物品安全即乘行中所带的财物保持完整,不发生任何丢失或损坏。

在客运服务中,必须满足乘客出行的安全心理要求,这是所有客运服务人员的首要工作。运营企业要加强对车站的管理,从装备上提高运输的安全性,从安全管理上提高服务人员对不安全因素的预测和及时处理能力。

想一想

在乘客乘车过程中,哪些地点容易发生安全事故?我们应该如何预防?

2. 得到重视的心理与行为

大多数人都希望自己的言行能够引起良好的反应,也就是常说的人们需要得到重视。有些站务人员在回答乘客问询时,态度不好,不冷不热,乘客会觉得自己被忽视,就容易引起投诉。乘客需要得到重视的心理,要求服务人员在处理问题时,不能训斥乘客,不能让乘客在众人面前有失身份、伤脸面。比如,有些乘客抢上抢下时,一味地训斥不仅不会起到宣传教育的作用,反而会引起服务纠纷。所以我们在服务过程中,要重视乘客心理,给乘客面子和台阶,注意文明用语,切忌使用催促、命令和不耐烦的口吻,更不能挖苦讽刺乘客。自尊心人人都有,作为服务人员尤其需要尊重乘客得到重视的心理需求。

3. 乘行中的方便心理与行为

乘客对方便的需求表现在追求购票、进出站、上下车及中转乘车等方面的便捷性,希望减少出行中的各种中间环节,快捷到达目的车站。为了适应乘客方便性心理,需要合理设置售检票设备,导向标志清晰明了,合理设置首末车时间,换乘设计合理等。由于客观原因的限制,若乘客需求得不到满足,他们会产生不理解、易激动、心中不满等心理,在行为上表现为言语过激、行动粗鲁、配合较差等,对于此类乘客,我们需要多解释、细劝说。

想一想

为了适应乘客的方便心理,在客流高峰期,我们需要采取哪些措施呢?

4. 乘行中的舒适心理与行为

舒适的乘车环境能给予乘客好的心态,产生良好的行为。这就要求车辆设施齐全、车厢环境整洁宽松、乘客间和谐融洽。

5. 时间的紧迫心理与行为

在客流高峰期,大多数乘客是上班族和学生,时间观念强,乘车不怕挤,若行车时间间隔较大,易产生急躁情绪。由于乘车人多,上下车都比较困难,再加上时间紧迫,乘客内心烦躁,易与他人发生冲突。

二　乘客个性心理与行为

不同类型的乘客对服务的需求也有所不同,只有准确判断乘客的类型并进一步把握其性格特点,采取适当的服务措施,才能更好地做到从乘客角度出发。

1. 温和型乘客

温和型乘客性格随和，对自己和别人没有过多的要求，他们比较容易理解别人，注重任何人之间的友好亲切关系。面对这种乘客，站务员更要以礼相待，以情感人，千万不能因为对方的宽容而忽视了服务质量。

2. 独断型乘客

独断型乘客十分自信，有很强的决断力，感情激烈，不容易接受和理解别人，不轻易改变自己的看法和观点，希望每个人都认同他的观点，并满足他的需求。这种类型的乘客最不能容忍被怠慢或者不被尊重，是投诉最多的乘客。面对此类型乘客时，要镇定自如，始终保持目光的交流，不能怯场。这种类型的乘客不愿意听取别人的意见，对于该种类型的乘客服务一定要先征求意见，不然很有可能双方都不愉快。

3. 分析型乘客

分析型乘客的特征是做事非常认真，要求站务员每说一句话都要非常的准确，不能有任何含糊的地方。通常分析型乘客说得少、听得多，动作缓慢，表情少，他们的文化素质一般较高，逻辑能力强，讲道理，不接受不公平待遇，但可以接受合理的解释，善于维护自己的权益，对服务不满时往往会说："这不是理由。"

在跟该类型乘客沟通时，说话要有条理性、逻辑性，如果遇到这种乘客提意见，站务员要真诚对待，讲清事实，争取得到理解。

4. 内向型乘客

这种类型的乘客生活比较封闭，对外界事物冷漠，和陌生人保持相当的距离，对站务员的态度、言行、举止非常敏感，他们大都排斥站务员过分热情。由于这种乘客比较腼腆，因此站务员目光一定要和蔼，但目光对视不宜过长，以免给乘客造成心理压力。

5. 自我型乘客

自我型乘客是最挑剔的，他们以自我为中心，从来不站在他人的立场上考虑问题，并且绝对不允许利益受到损害，有很强的报复心理，性格敏感，不讲道理，无理也要辩三分。对待这样的乘客，站务员要控制好情绪，以礼相待。如果这类乘客有不满情绪，要立即道歉，尽管对方的语言会十分尖刻，但站务员也要包容，不能发生争执。

任务实施

乘客类型及心理分析

任务描述：收集乘客投诉案例，并根据案例描述判断乘客类型、分析乘客心理。

任务要求：

（1）以个人为单位，上网收集 1~2 个城市轨道交通车站投诉案例。

（2）根据案例描述判断乘客的类型并分析乘客的心理需求。

（3）以 PPT 的方式进行课堂分享。

任务评价

任务评价表如表 1-4 所示。

任务评价表　　　　　　　　　　表1-4

评价项目	评价标准	得　分	备　注
PPT 制作 (20分)	1.PPT 播放流畅,运行稳定(5分)		
	2.PPT 采用文字、图片、视频、图表等多种表达方式(5分)		
	3.整体界面美观,布局合理,字体清晰、大小合理、层次分明(5分)		
	4.结构合理、逻辑清晰,过渡恰当,整体风格统一协调(5分)		
乘客类型 及乘客心理分析 (60分)	1.投诉案例描述清楚,逻辑清晰(15分)		
	2.乘客类型(5种类型)判断准确,有理有据(15分)		
	3.乘客投诉心理需求分析合理、全面(15分)		
	4.针对案例提出的处理方式合理有效(15分)		
PPT 演讲 (20分)	1.声音响亮(10分)		
	2.语言表达得体、流利,具有感染力(10分)		

知识巩固

一、不定项选择题

1.不同性格乘客服务要求不同,对于(　　　),站务员要控制好情绪,以礼相待,不周之处立即道歉,尽管对方语言尖刻,也要包容乘客,不能发生争执,否则会引起更大麻烦。

A.分析型乘客　　　B.自我型乘客　　　C.温和型乘客　　　D.独断型乘客

2.对于独断型乘客,下列说法正确的是(　　　)。

A.有很强的决断力,感情激烈

B.不轻易改变自己的看法和观点

C.对于该种类型的乘客服务一定要先征求意见

D.不容易接受和理解别人

3.下列关于分析型乘客说法正确的是(　　　)。

A.文化素质高,逻辑能力强　　　　B.不讲道理

C.拥有最强的自信心　　　　　　　D.性格随和

4.下列关于自我型乘客说法正确的是(　　　)。

A.文化素质高,逻辑能力强,不讲道理

B.有很强的决断力,感情激烈

C.以自我为中心,从来不站在他人的立场上考虑问题

D.不容易接受和理解别人

二、简答题

1.请阐述乘客的安全心理。

2.请阐述乘客的得到重视的心理。

客运服务人员礼仪准备

项目说明

　　城市轨道交通服务人员礼仪是运营企业员工在工作岗位上通过言谈、举止等对乘客表示尊重和友好的行为规范。它是城市轨道交通优质服务的重要组成部分。礼仪准备不仅有利于员工提高个人的内在修养，而且能够提升城市轨道交通运营企业的形象。

　　本项目将从服务人员的职业形象塑造、服务语言使用、服务仪态应用三个方面对服务人员的礼仪准备进行相关阐述。

项目目标

◎ **知识目标**

1. 掌握城市轨道交通客运服务人员的基本仪容礼仪要求。
2. 掌握化妆的基本步骤和技巧。
3. 掌握城市轨道交通客运服务人员的着装礼仪。
4. 掌握站姿、坐姿、行姿以及手势的具体要求。
5. 掌握城市轨道交通客运服务人员的规范服务用语。

◎ **能力目标**

1. 能够根据仪容仪表要求,独立完成职业淡妆,规范职业着装,展现自身的职业形象。
2. 能够在客运服务中按照各种仪态礼仪的要求进行乘客服务工作。
3. 能够使用文明得体的语言为乘客提供服务。

◎ **素质目标**

1. 培养良好的职业礼仪,树立优雅大方、值得信任的职业形象。
2. 培养遵章守纪的纪律意识和践行企业文化的自觉意识。

◎ **建议学时**

修过礼仪课程,建议 4 学时。

未修过礼仪课程,建议 20 学时(安排基础礼仪训练)。

任务一 客运服务人员职业形象塑造

任务目标

知识目标

1. 掌握仪容仪表礼仪的基本要求。

2. 掌握盘发技巧和要求。

3. 掌握化妆技巧和要求。

4. 掌握着装礼仪的相关要求。

能力目标

1. 能够根据仪容仪表要求,展现自身的职业形象。

2. 能够独立完成职业淡妆,体现大方自信。

3. 能够根据着装要求,规范职业着装。

素质目标

1. 培养良好的职业礼仪,树立优雅大方、值得信任的职业形象。

2. 培养遵章守纪的纪律意识和践行企业文化的自觉意识。

任务引入

在人与人的交流之中,相互传递的信号主要有三种:视觉信号、声音信号、语言信号。请同学们讨论一下,这三种信号中哪种信号最重要呢?

知识准备

一 仪容修饰

仪容,即容貌,包括面容、发式、手部等。仪容修饰的基本要求是整洁、自然、端庄。城市轨道交通服务人员仪容修饰的具体要求见表2-1。

城市轨道交通服务人员仪容修饰的具体要求 表2-1

部 位		具 体 要 求
面部	眼睛	眼角无分泌物,无睡意,不充血,不斜视,清爽明亮;不带墨镜或有色眼镜;女性不用假睫毛,不画烟熏妆和浓眼影
	耳朵	耳朵内外干净
	鼻子	鼻孔干净,不流鼻涕,鼻毛不外露;不当众擤鼻涕、挖鼻孔
	胡子	不留胡须,每天刮胡子

续上表

部　　位		具 体 要 求
面部	嘴	牙齿整齐洁白，口中无异味；与乘客交流时不嚼口香糖；上班时不吃刺激性食物，如葱、蒜、韭菜等；女性不用深色或浓重口红
	牙齿	清洁、无食物残留
发部	头发	干净、整洁、没有明显头屑
手部	手和手指甲	经常保持手部清洁，洗手后要用护手霜以保持手部润滑；指甲的长度要适度，以防断裂，从手心看，以不长过1mm为宜；不使用假指甲或做工艺指甲；男士如果吸烟，要除掉手上的尼古丁痕迹

二　发型修饰

作为客运服务人员，发型修饰要考虑对象、环境和自身特点。面对乘客时，发型要以庄重、严肃、利落大方为原则，而且还要严守本行业、本企业的特殊要求。

1. 发部的整洁

服务人员的头发必须保持健康、秀美、干净、清爽、卫生、整齐，注意头发的养护、清洗、梳理。头发清洁会给人留下干净卫生、神清气爽的印象。披头散发、蓬头垢面则给人萎靡不振甚至缺乏教养的感觉。因此，服务人员无论在工作中还是交际活动中，都要对头发勤于梳理、清洗，保持卫生清洁。

二维码

男客运服务人员
仪容修饰要求

二维码

女客运服务人员
仪容修饰要求

2. 发部的造型选择

选择发型除了考虑个人偏好外，最重要的是考虑个人条件和工作场合，体现和谐的整体美。

（1）男性客运服务人员的发型选择。长短适中，不宜过长，前发不过双眉，侧发不掩耳，后发不及衣领，不留大鬓角，不剃光头，不过分追求时尚，更不可标新立异。刘海和鬓角不可过长，发尾不可超过衬衫领口。

（2）女性客运服务人员的发型选择。长发应束起，盘于脑后，保持两鬓光洁，无耳发。刘海可卷可直，但必须保持在眉毛上方。短发应前不遮眉，后不过领。

图2-1　佩戴帽子的效果图

（3）发型整理。发型应适合自己的脸型、气质。工作时按照规定梳理发型，不得梳怪异发型，严禁漂染色彩鲜艳的头发。

（4）佩戴帽子与发饰要求（图2-1）。男士前侧头帘放入帽子里侧，露出耳朵，鬓角不超过耳部1/2处，后侧头发不接触衬衫衣领。男性客运服务人员帽子前沿底部与眉毛相距两指的距离，不露头帘。女性服务人员帽檐在额头的1/2处，不露出刘海，两侧不留耳发，发花与后侧帽子边沿相贴合。发饰只宜选择黑色且无花色图案的发卡。

三　职业妆容

化妆是一门艺术,适度而得体的化妆可以体现女性的端庄和美丽。对于一线服务人员来说,和谐得体的妆容效果也是给乘客留下美好印象的第一步。

1.化妆的原则

脸部化妆一方面要突出面部五官最美的部分,另一方面要掩盖或矫正缺陷与不足的部分。职业淡妆是一种趋于自然的美,给人大方、悦目、清新的感觉,适合客运服务人员使用。职业淡妆的基本化妆原则如下。

（1）自然淡雅

城市轨道交通服务人员上岗之前要求化淡妆,即不要有明显化妆的痕迹。因为底妆厚重、色彩过白、烟熏妆、眼线过重等都会让乘客感到不自然。总的来说,服务人员的妆容应自然大方、朴实淡雅。

（2）扬长避短

通过职业妆适当展现自己的优点是比较好的选择。避短就是将自己面部不太满意的部位通过化妆技巧进行弥补,达到美观、自然、和谐的效果。

（3）整体协调

化妆需要参考职业、年龄、性格及五官特点等因素,职业妆应使整个妆面协调,并且应与全身的装扮相协调,与所处场合、自己身份等相协调。

2.化妆的禁忌

服务人员在化妆时需要避免某些不应出现的错误做法,具体包括以下几个方面:

（1）化离奇出众的创意妆。服务人员化工作妆时不能脱离自己的工作角色,不能追求怪异、神秘的妆容,以免使人感觉过于突出、另类。

（2）残妆示人。在工作中出汗之后、休息或用餐之后容易出现脱妆,以残妆示人给人懒散、邋遢之感,所以服务人员要注意及时补妆。

（3）当众化妆。化妆属于个人隐私,原则是在家中完成化妆过程。需要临时补妆,也应在洗手间或隐蔽处进行。

3.化妆的基础程序

（1）妆前准备

妆前准备的程序是:束发、洁肤、护肤、修眉。

①束发。

②洁肤。化妆前可用温水及洗面奶洗去脸上的油脂、汗水、灰尘等,以使妆面干净光亮。

③护肤。冬季可选择霜、膏类护肤品,夏季可选择乳液、水质护肤品,令肌肤柔滑,对皮肤起到保护作用。

④修眉。可根据自己具体的情况用眉刀或眉钳进行眉形修正,使之更加清秀。

（2）职业淡妆步骤（表2-2）

职业淡妆步骤　　　　　　　　　　　　　表2-2

基本步骤	注意事项
1. 打底妆 底妆用品：防晒/隔离、粉底液/BB 霜/粉底霜、遮瑕膏、散粉、刷子 	1. 涂抹饰底产品（如隔离），大面积点在脸部，修饰粗大的毛孔、凹凸不平的肌肤或黯沉肤色。 　2. 遮瑕：将遮瑕产品涂抹在肤色暗沉部位，如眼睛下方、T字部位等，少量，用指腹或化妆刷点上，再用海绵推匀。 　3. 上粉底：用化妆刷或海绵蘸取粉底，先抹在上遮瑕品的部位，由内侧往外延展推匀，然后将海绵折起轻压涂抹鼻翼两侧等边角部分，最后，全脸整体按压。 　4. 粉底选择要适合自己的肤色；注意面部与颈部的衔接；如果之前粉底上得太厚重或者不均匀，可用爽肤水或者矿泉喷雾把海绵喷湿再按压。 　5. 用刷子将少量的散粉和蜜粉轻扫在额头、鼻尖、下巴等易出油的部位
2. 化眼线（内眼线） 	内眼线位于睫毛根部接近眼睑的地方，用一只手或棉签轻轻提起眼皮，于睫毛根部与眼睑交界处找到内眼线的准确描画位置，眼睛向下看着放置好的镜子；用眼线描画工具反复填充点涂，直到相应部位被均匀上色，完成内眼线的勾画
3. 刷睫毛 	1. 夹睫毛 　夹的时候镜子要往下一点，让眼皮放松才容易夹到睫毛根部，睫毛夹不能贴在脸上，要和脸形呈 45°角才好使力，确认全部睫毛都放进睫毛夹的软垫，只需要夹睫毛根部，运用手部的力量往上带，将睫毛往上翻夹，不要用力夹，否则会把睫毛夹呈 90°的直角。 　2. 睫毛膏 　（1）服务人员睫毛膏以黑色、深棕色为宜； 　（2）刷睫毛时先将睫毛用睫毛夹夹翘，然后均匀涂抹睫毛膏； 　（3）涂睫毛膏时，眼睛往下看，把睫毛的根部尽量露出来，把睫毛刷头插入睫毛根部，保持 2～3s，然后往睫毛尾部拉，让睫毛根根分明

续上表

基 本 步 骤	注 意 事 项
4.描眉毛 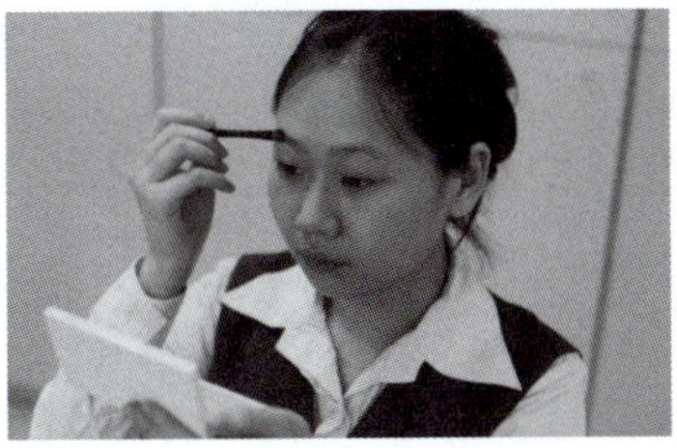 	1.先用眉笔勾出轮廓,顺着眉毛的生长方向进行描画。 2.再用眉刷清扫,最后用手指将眉头晕染一下,最好用深棕色、浅棕色眉笔,切不可将眉毛化成一条重重的黑色
5.上腮红 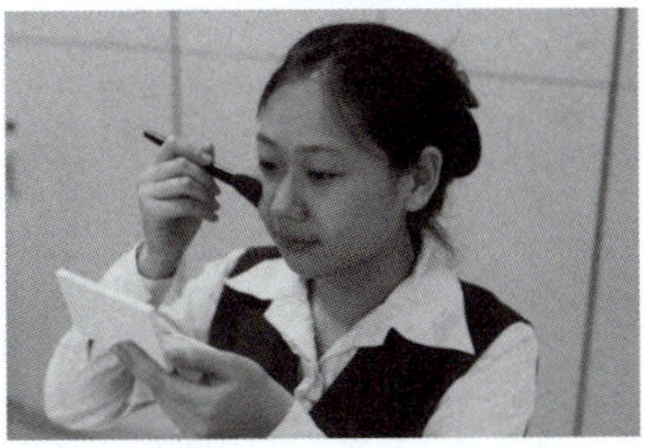 	1.腮红应涂在微笑时面部的最高点,均匀晕染。 2.皮肤白的人一般选用粉色;肤色较深的一般选用桃红或珊瑚色。 3.如皮肤比较红润,腮红可以省略
6.涂唇彩  	1.通常使用白色或液体唇膏来保持唇部湿润,并使唇膏颜色保持持久。 2.唇膏的颜色一般要与腮红颜色保持协调,它们的颜色应属同一色系。 3.为避免唇膏长时间产生化开的现象,可以在涂唇膏前先化唇线,但要注意应与唇膏颜色一致

🖥 **小贴士**

若化妆,在晚上一定要卸妆后再入睡。用专用的卸妆液将妆容卸掉后,仔细用洗面奶将残留的化妆品清洗干净。卸妆时不可太过用力,尤其是眼部卸妆。卸妆起到保护皮肤的重要作用,不能省略。

技能拓展

修眉的步骤及注意事项

1. 修眉的步骤

(1)确定眉头、眉峰和眉尾的位置(用眉笔)。

眉头:内眼角和鼻翼连成一条线,眉头的位置在延长线上(图2-2,❶)。

眉峰:鼻中一直到瞳孔延长出去,与眉毛相交处即为眉峰,在眉毛大致2/3处(图2-2, ❷)。

眉尾:眉尾应位于鼻翼与外眼角连线的延长线上(图2-2,❸)。

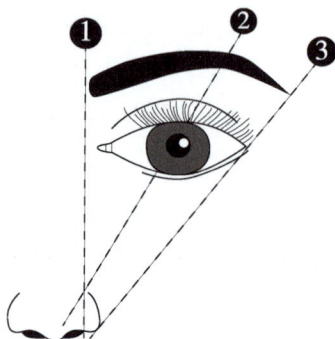

图2-2 眉头、眉峰、眉尾的位置

(2)将眉眼间的大范围杂毛用安全剃刀剃除。

(3)利用眉梳或眉刷,由眉头向眉峰的位置,将眉毛梳顺。

(4)眉峰到眉尾的眉毛要往下梳。

(5)利用弯型剪刀,将梳整过后的眉毛边缘修剪出整齐的弧线。

(6)如果眉毛太长,可用钢梳将眉毛挑起后剪短。

(7)将眉毛与发际之间的汗毛剃除干净。

(8)如果眼尾的C字部位有明显的汗毛,也要剃除,才会让妆容显得干净。

(9)两眉之间的杂毛也要修干净。

2. 修眉的注意事项

(1)避免用眉夹夹眉毛,因为这会使眼皮松弛,并且可能引起毛囊发炎。

(2)多修眉毛下面,少动眉毛上面,只需把眉毛上面修整齐即可,这样会有眉开眼笑的视觉效果。

(3)不可让眉毛过长,因为过长的眉毛会弱化女性柔美的感觉。

(4)两个眉毛之间的眉距应保持一只眼睛的高度,这样可以平衡五官。

(5)修眉过后,记得做调肤、润肤保养。

4.不同脸型的化妆技巧

（1）椭圆脸

椭圆脸是公认的理想脸型,化妆时无须太多修饰,应注意保持其自然形状。腮红应涂在颊部颧骨的最高处,再向上、向外揉化开去。唇彩应尽量按自然唇形涂抹(除嘴唇唇形有缺陷外)。描眉毛时,可顺着眼睛的轮廓修成弧形,眉头应与内眼角对齐,眉尾可稍长于外眼角。

（2）长脸

脸型偏长的人,在化妆时需要在效果上增加面部的宽度。涂抹腮红时应注意离鼻子稍远些,在视觉上拉宽面部,可沿颧骨的最高处与太阳穴下方所构成的曲线部位,向外、向上抹开去。上粉底时,若双颊下陷或者额部窄小,应在双颊和额部涂以浅色调的粉底,造成光影,使之变丰满。眉毛的位置不宜太高,眉毛尾部切忌高翘,修正时应令其成弧形,切不可有棱有角。

（3）圆脸

圆脸给人可爱、玲珑之感,若要修正为椭圆形并不困难。腮红可从颧骨起涂至下颌部,注意不要简单地在颧骨突出部位涂圆形。唇彩可在上嘴唇涂成浅浅的弓形,不能涂成圆形的小嘴状,以免有圆上加圆之感。利用粉底在两颊造阴影,使圆脸消瘦一点。选用暗色调粉底,沿额头靠近发际处起向下窄窄地涂抹,至颧骨部下可加宽涂抹的面积,造成脸部亮度自颧骨以下逐步集中于鼻子、嘴唇、下巴附近部位。眉毛可修成自然的弧形,做少许弯曲,不可太平直或有棱角,也不可过于弯曲。

（4）方脸

方脸型的人以双颊骨突出为特点,因此在化妆时,要设法加以掩饰,增加柔和感。腮红宜涂抹得与眼部平行,在颧骨稍下处往外揉开,切忌涂在颧骨最突出处。利用暗色调粉底在颧骨最宽处造成阴影,令其方正感减弱,下颚部宜用大面积的暗色调粉底造阴影,以改变面部轮廓。唇彩可涂丰满一些,强调柔和感。眉毛应修得稍宽一些,眉形可稍带弯曲,不宜有角。

（5）三角脸

三角脸的特点是额部较窄而两腮较阔,整个脸部呈上小下宽状。化妆时应将下部宽角"削"去,把脸型变为椭圆状。腮红可由外眼角处向下抹涂,令脸部上半部分拉宽一些。可利用较深色调的粉底在两腮部位涂抹、掩饰。眉毛宜保持自然状态,不可太平直或太弯曲。

（6）倒三角脸

倒三角脸型的特点是额部较宽大而两腮较窄小,呈上阔下窄状。人们常说的"心形脸",即指这种脸型。化妆时,需要修饰部分恰恰与三角脸相反。腮红应涂在颧骨最突出处,而后向上、向外揉开。可利用较深色调的粉底涂在过宽的额头两侧,而用较浅的粉底涂抹在两腮及下巴处,造成掩饰上部、突出下部的效果。宜用稍亮些的唇彩以加强柔和感,唇形宜稍宽厚些。描眉毛时应顺着眼部轮廓修成自然的眉形,从眉心到眉尾由深渐浅,眉尾不可上翘。

四　职业着装

1. 男士正装的穿着

在重要会议和会谈、庄重仪式以及正式宴请等场合，男士一般以西服为正装。一套完整的西服包括衬衫、领带、西裤、腰带、皮鞋和袜子。

（1）男士西服穿着规范（图2-3）

①整体要求。西服合体，熨烫平整、整洁挺括。衣着不宜有过多的色彩变化，大致不要超过三色。

图2-3　男士西服穿着规范

②衬衫选择。正装衬衫应为纯色，以浅色为主，白色最常用。衬衫领口挺括、洁净，衬衫衣领高于西服衣领1.5 cm左右；垂臂时，西服袖口长于衬衫袖口，抬臂时，衬衫袖口长于西服袖口1.5 cm左右，以显示西服层次。

③领带标准。领带是西服的灵魂，在正式场合，男士要打领带，领带有单结、双结、温莎结等系法。领带长度以在皮带扣处为宜。

④纽扣系法。西服分单排扣和双排扣，单排3粒扣西服系上方两粒或中间一粒；两粒扣西服系上方一粒；双排扣西服扣子全部扣上。

⑤西裤。西裤长度以触到脚背为宜，裤线熨烫好，裤扣扣好，拉链拉好。

⑥西服口袋。上衣和西裤后侧口袋尽量不放物品，名片、笔等轻薄物品可放在西服左侧内侧口袋。

⑦鞋袜。穿西服配黑色袜子、黑色皮鞋，鞋面清洁光亮，袜筒不易过短。

（2）西服穿着禁忌（图2-4）

一忌西裤过短；二忌衬衫放在西裤外面；三忌不扣衬衫扣；四忌抬臂时西服袖子长于衬衫袖；五忌西服的衣、裤袋内装物品；六忌领带太短（一般长度为领带尖盖住皮带扣）；七忌西服上装所有扣都扣上（双排扣西服则应都扣上）；八忌西服配便鞋（休闲鞋、球鞋、旅游鞋、凉鞋等）。

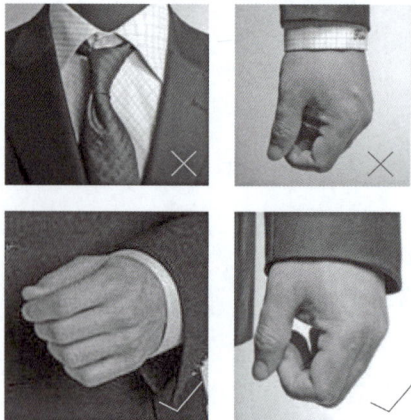

图2-4　男士西服穿着禁忌

技能拓展

常用领带打法

1. 平结(Plain Knot,图 2-5)

平结是男士们选用最多的领带打法之一,几乎适用于各种材质的领带。完成后,领带结成斜三角形,适合窄领衬衫。

图 2-5 平结图解

2. 温莎结(Windsor Knot,图 2-6)

温莎结是因温莎公爵而得名的领带打法,是正统的领带打法。打出的结成正三角形,饱满有力,适合搭配宽领衬衫。该种打法应避免使用材质过厚的领带。

要诀:宽边先预留较长的空间,绕带时的松、紧会影响领带结的大小。

图 2-6 温莎结图解

3. 半温莎结/十字结(The Half-Windsor Knot,图 2-7)

半温莎结适合搭配尖领及标准式领口衬衣,它比温莎结小,系好后的领结通常位置很正。

要诀:使用细款领带较容易上手,适合不经常打领带的人。

图 2-7 半温莎结图解

4. 四手结(The Four-in-hand,图 2-8)

四手结非常容易上手,适合宽度较窄的领带,搭配窄领衬衫,风格休闲,适用于普通场合。它通过四个步骤就能完成打结,故名为"四手结"。

要诀:宽边在左手边。

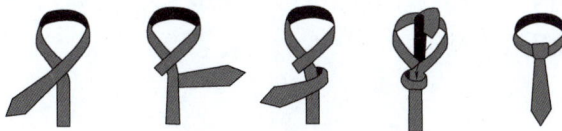

图 2-8 四手结图解

2. 女士正装的穿着

（1）职业装选择

①职业套装上衣与裙子应使用一种面料。

②职业装套裙的色彩选择应淡雅、庄重，不宜选择过于鲜亮的色彩。套裙要与工作环境相协调，选择以浊色调、冷色为主，上下身色彩可一致，也可是两种不同颜色。

③职业装款式有职业套裙、职业套裤、分身半职业装、束腰职业装等。

（2）职业装穿着规范

①上衣。上衣讲究平整挺括，较少使用饰物和花边进行点缀，纽扣应全部系上。

②裙子。以窄裙为主，年轻女性的裙子下摆可在膝盖以上 3~6cm，但不可太短；中老年女性的裙子应在膝盖以下 3cm 左右。裙子里面应穿着衬裙。真皮或仿皮的西装套裙不宜在正式场合穿着。

③衬衫。以单色为最佳之选。衬衫的下摆应掖入裙腰之内而不是悬垂于外，也不要在腰间打结；衬衫的纽扣除最上面一粒可以不系上外，其他纽扣均应系好。

④鞋袜。鞋子应是高跟鞋或中跟鞋，款式应以简单为主。袜子应是高筒袜或连裤袜，一般不要选择鲜艳、带有网格或有明显花纹的丝袜。丝袜颜色应与西装套裙相搭配。穿西服套裙，应穿肉色丝袜配正装船鞋；穿裤装，应配矮腰丝袜、船鞋。

（3）职业装穿着禁忌

①不要穿过于性感和暴露的服饰。

②薄纱型衣、裙、裤，因其透光性较强，穿着时需有内衬，不然会显得十分不雅。对于外国朋友来说，"透"比"露"更难以让人接受，因为在他们看来，"透"不仅有碍观瞻，而且还说明穿戴者有不自爱之嫌。

③袜子是女性腿部的时装，要注意不应穿着跳丝、有洞或补过的丝袜外出。另外，袜子的大小松紧要合适，不要走不了几步就往下掉，或显得一高一低，当众整理袜子则有失体统。

3. 制服的穿着

制服标志着一个人的职业特色。它的设计充分考虑了穿着者从事的职业和身份，与环境相配，有一种美的内涵。企业一般都有自己的制服，制服可以衬托一个人，通过一件制服可以看到一个人的职业形象，展现公司的精神面貌。穿上醒目的制服不但易于他人辨认，而且也会使穿着者有一种自豪感和责任感。

制服展现了公司的形象。因此，在穿着制服的时候，要注意自己的仪容仪表，注意整洁，使自己的形象、举止符合制服应表现出的形象。制服的美观既突出了员工的精神面貌，也反映了企业的管理水平和卫生状况。

4. 制服穿着要求和规范

（1）外观整洁。制服平整挺括、完好无损、干净卫生、无异味，避免褶皱。

（2）文明着装。避免穿着过分裸露、过分瘦小的服装。

（3）穿着搭配得当。配饰搭配以少而精为主，色彩、款式不超过 3 样；丝巾、领带佩戴要规范;鞋袜按正装标准穿着。

5.制服穿着注意事项

(1)穿制服时不宜佩戴镶宝石的装饰品,如手镯、悬垂挂件、装饰戒指、胸针、脚链等。

(2)工作时不得佩戴两枚以上宽度超过5mm的戒指。

(3)耳针的大小不许超过3mm,不许有悬垂物。

(4)工作时不能佩戴装饰项链、珍珠项链等较夸张的饰物,最好佩戴一条素链。

(5)头上不得佩戴发圈和有颜色的发夹。

五　客运服务人员仪容仪表要求

为了树立良好的服务形象,城市轨道交通客运服务人员需要严格要求自己的仪容仪表,具体见表2-3。

仪 容 仪 表 要 求 表2-3

分类	基 本 要 求	常 见 错 误
发型	1.整齐利落、清洁清爽。 2.发长过肩的女性必须将头发束起,最好佩戴有发网的头饰,将头发挽于发网内,头花端正。 3.男性要剪短发,具体要求为"前发不附额,侧发不掩耳,后发不及领"。 4.戴帽子时,应将刘海放入帽子内侧,帽徽应朝正前方,不得歪戴	1.头发凌乱,染发过度明显、夸张。 2.留怪异发型。 3.女员工长发遮挡脸部。 4.男员工留长发,鬓角遮挡耳部
面容	1.女性上岗应着淡妆,保持清洁的仪容,避免使用气味浓烈的化妆品。 2.男性应保持脸面洁净,不可留胡须。 3.适时保持亲切的笑容	1.化浓妆或怪异妆。 2.工作时化妆。 3.使用气味浓烈的化妆品。 4.男员工留胡须

续上表

分类	基本要求	常见错误
口腔	1.保持牙齿、口腔清洁。 2.定期除掉牙齿上的尼古丁痕迹。 3.去除吸烟过多而引起的口腔异味	工作前食用葱、蒜、韭菜等带有刺激性气味的食物
指甲	1.时刻保持指甲干净整齐,经常修剪。 2.只可涂肉色或透明色指甲油	1.指甲过长。 2.使用指甲装饰品
制服	1.干净无褶皱。 2.领口、袖口要保持整洁干净,衬衫放在裤子里侧。 3.裤袋限放工作证等扁平物品或体积微小的操作工具,避免服装变形。 4.季节更替时,应按规定更换制服,不得擅自替换	1.缺扣、立领。 2.在套装和衬衫的胸袋内放入钱包、硬币等物品。 3.卷袖、挽裤
鞋袜	1.穿着制服时应按规定穿黑色或深色的皮鞋,鞋面保持干净,黑色皮鞋配深色袜子。 2.女员工着裙时,长袜颜色应选择与肌肤相贴近的自然色或暗色系中的浅色丝袜。 3.皮鞋应定期清洁,保持干净光亮	1.穿极度磨损的鞋及露脚趾、脚跟的鞋。 2.穿图案过多的袜子和浅色袜子
工牌	1.挂绳式工牌照片和字面应朝向乘客,工牌绳放在制服外侧。 2.非挂绳式工牌应佩戴在制服左上侧兜口的正上方位置,工牌左下角应抵住西服兜口边缘,并与地面保持水平。 3.佩戴党(团)徽时,应将党(团)徽佩戴于工牌正上方	1.工牌上有装饰物。 2.工牌有损坏
配饰	1.可以佩戴的配饰有:风格简约的手表、婚戒(戒指不可过宽)、一对耳钉(女士)。 2.佩戴纯色镜架和无色镜片眼镜。 3.饰品应自然大方,不可过度夸张	1.佩戴有色框架眼镜。 2.男员工佩戴耳部饰物

任务实施

职业淡妆及正装穿着训练

1.职业淡妆训练

（1）实训内容

化服务人员职业妆。

（2）实训目标

掌握职业淡妆的基本操作步骤和基本要求。

（3）实训准备

梳子、发卡、粉底、眼影、眼线笔、眉笔、腮红、睫毛膏、睫毛夹、口红等化妆品和化妆工具。

（4）考核评分表（表2-4）

仪容礼仪考核评分表　　　　　　　　　　　表2-4

考核项目	子项目	考 核 标 准	得　分	备　注
发部 （25分）	发型发式 （10分）	刘海长度不超过眉毛，修剪整齐（5分）；发长过肩的同学应盘发（5分）		
	整体效果 （15分）	盘发整洁得体，无过多碎发（10分）；头发不油腻，无艳丽夸张头饰（3分）；头发颜色不明显夸张，看不出烫发（2分）		
面部 （75分）	底妆 （25分）	工具和粉底选用正确（5分）；面部明显瑕疵及肤色暗沉部位有遮盖（5分）；底妆涂抹均匀（10分）；面部与颈部的衔接合理（5分）		
	眼线 （15分）	眼线颜色得体（2分）；眼线符合淡妆要求（3分）；眼线均匀、无残缺（10分）		
	睫毛 （10分）	睫毛夹使用正确（5分）；睫毛膏颜色得体（2分）；使用睫毛膏之后睫毛根根分明（3分）		
	眉毛 （10分）	眉毛修剪整齐（2分）；眉形搭配合理（3分）；眉笔色彩合适（2分）；眉笔使用正确（3分）		
	其他 （15分）	化妆步骤正确（5分）；化妆时间不超过10分钟（5分）；妆面干净整洁（5分）		

2. 正装穿着实训

（1）实训内容

穿着正装。

（2）实训目标

掌握正装的穿着规范。

（3）实训方法

每5人一组,根据不同场合进行服装搭配并展示;分组考核;学生点评总结。

（4）考核评分表（表2-5、表2-6）

男士西服穿着考核评分表 表2-5

考核项目	考核标准	得　分	备　注
衬衫 （25分）	衬衫适合正式场合(5分);衬衫合身(5分);整洁、挺括(5分);穿法正确(5分);衣领、袖口符合规范(5分)		
领带 （15分）	领带结符合正式场合(5分);领带长度合适(5分);领带佩戴正确(5分)		
西服 （10分）	西服扣子扣法正确(5分);西服熨烫平整(5分)		
西裤 （10分）	西裤合身、长度合适(5分);熨烫平整(5分)		
皮鞋与皮带 （20分）	皮带和皮鞋样式满足正装要求(10分);皮鞋擦拭干净(5分);鞋袜颜色搭配合适(5分)		
整体协调 （20分）	满足三色原则(5分);满足三一定律(5分);佩戴的饰物及手指甲满足对服务人员的要求(5分);发型满足对服务人员的要求(5分)		

女士正装穿着考核评分表 表2-6

考核项目	考核要求	得　分	备　注
正装基础规范 （20分）	外观整洁,无异味(10分);熨烫平整,无破损(10分)		
制服穿着规范 （80分）	配饰佩戴规范(20分);衬衫整洁、挺括,穿法正确(20分);衣领袖口着装规范(10分);上衣、裤装搭配(20分);鞋袜搭配(10分)		

📖 任务评价

按考核评分表2-4、表2-5、表2-6考核。

知识巩固

一、不定项选择题

1. 下列关于城市轨道交通服务人员的基本要求说法正确的有(　　　)。
   A. 女性上岗应着淡妆,男性应保持面容整洁,不得留胡须
   B. 男女员工均不得佩戴耳钉、项链等饰品
   C. 男性需要剪短发,且两侧鬓角不能超过耳垂底部
   D. 头发过长的女性应将头发束起并挽于发网内

2. 根据城市轨道交通企业要求,女性站务人员头发最长不应长于(　　　),否则应将头发束起盘于脑后。
   A. 耳部　　　　　　B. 颈部　　　　　　C. 腰部　　　　　　D. 肩部

3. 下列关于城市轨道交通服务人员制服穿着说法正确的是(　　　)。
   A. 在季节交替时,应该按照规定统一更换制服,不得擅自更换
   B. 非挂绳式工牌应佩戴在制服左上侧口袋正上方位置,党(团)徽佩戴在工牌正下方
   C. 非工作时间内或工作时间内非因公外出时,不可把制服穿在最外面出地铁
   D. 应配套穿着制服,男性鞋跟不得高于 3 厘米,女性鞋跟不得高于 3.5 厘米

4. 根据城市轨道交通企业要求,女性站务人员可以佩戴的首饰有(　　　)。
   A. 项链　　　　　　B. 手链　　　　　　C. 脚链　　　　　　D. 耳钉

二、简答题

1. 简述化妆的基本原则。
2. 简述化职业淡妆的基本流程。
3. 简述制服穿着的注意事项。

任务二　客运服务人员的仪态礼仪应用

任务目标

知识目标

1. 掌握表情、站姿、坐姿、行姿、蹲姿以及手势的礼仪规范。
2. 掌握不同场合下的仪态礼仪。

能力目标

1. 能够在客运服务中按照各种仪态礼仪要求进行乘客服务。
2. 能够合理使用各种仪态礼仪提高服务质量。

素质目标

1. 培养规范得体的仪态礼仪，展示良好的职业形象。
2. 培养遵章守纪的纪律意识和践行企业文化的自觉意识。

任务引入

仪态也叫仪姿、姿态，泛指人们身体所呈现出的各种姿态，它包括举止动作、神态表情和相对静止的体态。人们的面部表情，体态变化，行、走、站、立、举手投足都可以表达思想感情。仪态是表现个人涵养的一面镜子，也是构成一个人外在美好的主要因素。不同的仪态能够显示人们不同的精神状态和文化教养，传递不同的信息，因此仪态又被称为体态语。

知识准备

一　表情礼仪

在与乘客交往中，工作人员的面部表情可以给人们最直接的感觉和情绪体验。表情与语言、行为表示一致，就会拉近工作人员与乘客间的距离。同时，好的表情也能给乘客带来好的心情和实现良好的沟通。

1. 表情礼仪的基本要素

（1）目光

眼睛是心灵之窗，眼神能准确地表达人们的喜、怒、哀、乐等一切感情，服务人员应学会正确地运用目光，为乘客创造轻松、愉快、亲切的环境与氛围，消除陌生感，缩短距离。

①正视乘客的眼部。接待乘客时,无论是问话答话、递接物品、收找钱款,都必须以热情柔和的目光正视乘客的眼部,向其行注目礼,使之感到亲切温暖。

②视线要与乘客保持相应的高度。在目光运用中,平视的视线更能引起人的好感,显得礼貌和诚恳,应避免俯视、斜视。俯视会使对方感到傲慢不恭,斜视易被误解为轻佻。如站着的服务人员和坐着的乘客说话,应稍微弯下身子,以求拉平视线;侧面有人问话,应先侧过脸去正视来客再答话。

③运用目光向乘客致意。当距离较远或人声嘈杂、言辞不易传达时,服务人员应用亲切的目光致意。

④接触时间要适当。视线接触时,一般连续注视对方的时间最好在3s以内。在许多文化背景中,长时间凝视、直视、侧面斜视或上下打量对方,都是失礼的行为。

⑤接触方向要合适。接触方向可以分为视线接触三区。上三角区(眼角至额头)处于仰视角度,常用于下级对上级的场合,表示敬畏、尊敬、期待和服从等。中三角区(眼角以下面部)处于平视、正视的角度,表示理性、坦诚、平等、自信等。下三角区(前胸)属于隐私区、亲密区,不能乱盯。

(2)微笑

笑是人类美好的形象,因为笑脸散发着自信、温暖、幸福、宽容、慷慨等信息。作为客运服务人员,自觉自愿发出的微笑才是乘客需要的微笑,这种微笑是发自内心、轻松友善的微笑。服务人员在微笑中不仅可充分而全面地体现自信、热情,而且能表现出温馨和亲切,给乘客留下美好的心理感受。

微笑可分为以下种类:

①温馨的微笑(图2-9)。只牵动嘴角肌,两侧嘴角向上高于唇心,但不露出牙齿,适用于和陌生乘客打招呼时。

②会心的微笑(图2-10)。嘴角肌、颧骨肌与其他笑肌同时运动,牙齿变化不大但要有眼神交流和致意的配合,适用于表示肯定、感谢时。

③灿烂的微笑(图2-11)。嘴角肌、颧骨肌同时运动,露出牙齿,一般以露出6~8颗牙齿为宜,适用于交谈进行中。

图2-9 温馨的微笑　　　　图2-10 会心的微笑　　　　图2-11 灿烂的微笑

2.表情训练方法

（1）发"一""七""茄子""威士忌"等音，使嘴角露出微笑。

（2）手指放在嘴角并向脸的上方轻轻上提，使脸部充满笑意。

（3）以对着镜子自我训练为主，对着镜子来调整和纠正"三种"微笑。嘴角需要同时提起，不要露出很多牙龈。

（4）如图2-12所示，用门牙轻轻地咬住筷子，嘴角两边都要翘起，并且使嘴角两端与筷子平行，保持这个状态10s，抽出筷子，练习维持当时的状态。

（5）情景熏陶法，即通过美妙的音乐创造良好的环境氛围，引导发出会心的微笑。

（6）同学之间通过打招呼、讲笑话来练习微笑，并相互纠正。

（7）综合训练时，在教师监督下，学会正确运用表情，注意微笑与眼神协调的整体效果。

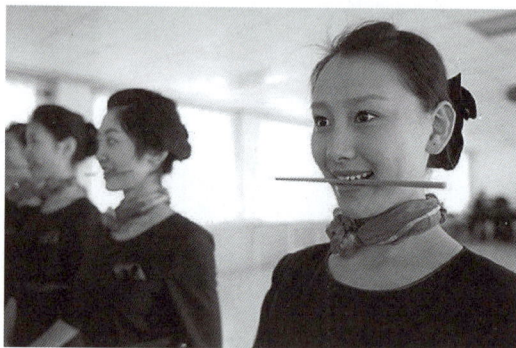

图2-12　某航空公司空姐正在练习微笑

二　站姿礼仪

1.站姿的基本要求

基本站姿，指人们在自然直立时所采用的正确姿势。站姿的标准是正和直，主要特点是头正、肩正、身正；颈直、背直、腰直、腿直。

2.工作中不同的站姿方式

不同的工作岗位对站姿有不同的要求，但任何一种形式的站姿都是在基础站姿基础上变化的，工作人员在实际工作中可选择合适的站姿来为乘客服务。服务过程中常见的站姿有以下几种。

（1）垂放站姿

双臂自然下垂，双手中指分别放于裤缝或裙缝处，手指自然放松。垂放站姿适用于训练标准体态时或重要领导审查、检阅时。

（2）前搭手位站姿（图2-13）

双手四指并拢，右手在外，左手在内，将右手食指放于左手指跟处，并将拇指放于手心处。前搭手位站姿是工作时运用最多的站姿体态,一般与乘客交流都采用前搭手位站姿。

（3）后搭手位站姿

男士右手在外,左手在内,双脚打开,双脚的距离不超过自己肩的宽度。后搭手位站姿适用于前方无人或客运服务人员巡视时。

站姿基本要求及禁忌

a)男士　　　　　　　　　　　　　　b)女士

图 2-13　前搭手位站姿

3.站姿禁忌

站姿禁忌指工作人员在工作岗位上不应具有的站立姿势。在与乘客的交流中,工作人员要尽量注意身体各部位的要求,避免出现以下不良站姿:

（1）头部歪斜,左顾右盼。

（2）高低肩、含胸或过于挺胸。

（3）双手插兜或叉腰,双肩抱于胸前。

（4）腰背弯曲,小腹前探。

（5）腿部抖动、交叉过大,膝盖无法收拢。

4.站姿训练方法

（1）背靠背站立。两人一组,要求两人后脚跟、小腿、臀、双肩、脑后枕部相互紧贴。

（2）顶书训练。在头顶上平放一本书,保持书的平衡,以检测是否做到头正、颈直。

（3）背靠墙练习。要求头、背、臀均紧挨着墙。

三　坐姿礼仪

1.坐姿的基本要求

坐姿不仅包括坐的静态姿势,同时还包括入座和离座的动态姿势,"入座"作为坐的"序幕","离坐"作为坐的"尾声"。

坐姿基本要求及禁忌

（1）入座时要轻稳。走到座位前转身后,右脚向后退半步,然后轻稳坐下,再把右脚与左脚并齐。

（2）臀部坐在椅子1/2或者2/3处,两手分别放在膝上(女士双手可叠放在左膝或右膝上),双目平视,下颌微收,面带微笑。

（3）离座时要自然稳当,右脚向后收半步,然后起立,起立后右脚与左脚并齐。

2.女士常见坐姿

（1）正坐式(图2-14)。双腿并拢,上身挺直,落座,两脚两膝并拢,两手搭放在双腿上,置于大腿部的1/2。要求上身和大腿、大腿和小腿都呈直角,小腿垂直于地面,双膝、双脚包括两脚的脚跟都要完全并拢。入座时,若是女士着裙装,应用手先将裙摆稍稍拢一下,然后坐下。

（2）开关式。要求上身挺直,大腿靠紧后,一脚在前、一脚在后,前脚全脚着地,后脚脚掌着地,双脚前后要保持在一条直线上。

（3）点式。双膝先并拢,然后双脚向左或向右斜放,力求使斜放后的腿部与地面呈45°。这种坐姿适用于穿裙子的女士在较低处就座。

（4）重叠式(图2-15)。将双腿完全地一上一下交叠在一起,交叠后的两腿之间没有任何缝隙,犹如一条直线。双腿斜放于左或右一侧,斜放后的腿部与地面呈45°,叠放在上的脚尖垂向地面。这种坐姿适合于穿短裙子的女士。

图2-14　女士正坐式坐姿　　　图2-15　女士重叠式坐姿

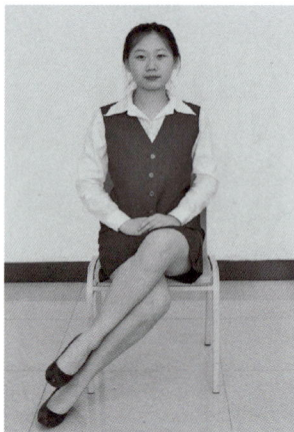

3.男士常见坐姿

（1）正坐式。上身挺直、坐正,双腿自然弯曲,小腿垂直于地面,两脚两膝分开为一脚长的宽度,双手以自然手型分放在两膝后侧或椅子的扶手上。

（2）重叠式(图2-16)。右小腿垂直于地面,左腿在上重叠,双脚小腿向里收,脚尖向下,双手放在扶手上或放在腿上。

4.坐姿禁忌

坐姿禁忌指工作人员在工作岗位或与乘客交谈时不应出现的坐姿。坐姿是人际交往过程中持续时间较长的一种姿态,如果出现以下坐姿禁忌,会给对方留下不好的印象。

(1)侧肩、耸肩、上身不正。

(2)含胸或过于挺胸。

(3)双臂交叉抱于胸前,双手抱于腿上或夹在腿间。

(4)趴伏桌面,背部拱起。

(5)跷二郎腿,叉开过大,腿部伸出过长。

(6)腿部抖动,蹬踏他物,脚尖指向他人。

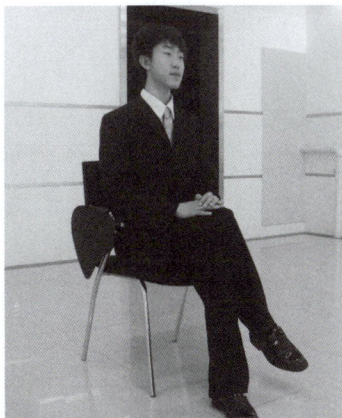

图2-16　男士重叠式坐姿

5.坐姿训练方法

(1)加强腰部、肩部的力量和支撑力训练,进行舒展肩部的动作练习,同时利用器械进行腰部力量的训练。

(2)按照动作要领体会不同坐姿,经常性地纠正和调整不良坐姿习惯。

(3)每种坐姿训练持续10分钟,加强腰部支撑能力。

四　行姿礼仪

1.行姿的基本要求

(1)规范的行姿首先要以端正的站姿为基础。

(2)双肩应平稳,以肩关节为轴,双臂前后自然摆动。

(3)上身挺直,头正、挺胸、收腹、立腰,重心稍向前倾。

(4)注意步位。脚尖略开,起步时,身体微向前倾,两脚内侧落地。不要将重心停留在后脚,并注意在前脚着地和后脚离地时要伸直膝部。

(5)步幅适当。一般前脚的脚跟与后脚的脚尖相距为脚长左右距离,步伐稳健,步履自然,要有节奏感,保持一定的速度。因性别不同、身高不同、服饰不同,步幅的大小也有一定的差异。一般情况下,每分钟行走约110步。当然,这还取决于工作的场合和岗位。行姿整体上要给人以步态轻盈敏捷、有节奏的感觉。

2.不同工作情况下的行姿标准

在具体的工作中,工作人员的步态有着不同的要求和规范。城市轨道交通行业工作人员需要根据工作情况进行调整。

(1)与乘客迎面相遇时,工作人员应放慢脚步,面带微笑,目视乘客表示致意,并实时伴随礼貌的问候用语。以规范的"右侧通行"原则,让乘客先行。

(2)陪同引领乘客时,如果乘客同行,应遵循"以右为尊"的原则,工作人员应走在乘客的左侧。引领乘客时,应走在乘客的左前方两三步的位置。行进步速需与乘客保持一致。

(3)进出升降式电梯,无人驾驶时,乘客后进先出,有人驾驶时,乘客先进先出。

(4)搀扶帮助他人时,注意步速与对方保持一致。在行进过程中适当停顿,询问乘客身体状况。

3.行姿禁忌

工作人员在工作岗位上不应出现如下行姿,要尽量控制和克服不良步态的出现。

(1)走路"内八字"或"外八字"。

(2)蹬踏和拖蹭地面,跐脚走路。

(3)步伐过快或过慢。

二维码

行姿基本要求
及禁忌

4.行姿训练方法

(1)画直线或沿着地面砖的直线缝隙进行直线行走练习。

(2)顶书练习。要求练习者以立正姿势站好,出左脚时,脚跟着地,落于离直线5cm处,迅速过渡到脚尖,脚尖稍向外,右脚动作同左脚,注意立腰、挺胸、展肩。

五　蹲姿礼仪

蹲姿是由站姿转换为两腿弯曲、身体高度下降的姿势,常用于工作人员捡拾物品时。

1.蹲姿的基本要求

站在所取物品的旁边,一脚前、一脚后,弯曲双膝,不要低头且双脚支撑身体,蹲下时要保持上身挺拔、体态自然。

2.蹲姿的不同形式

(1)高低式蹲姿(图2-17)。其特征是两膝一高一低,女士两腿膝盖相贴靠,男士膝盖朝向前方。

(2)交叉式蹲姿(图2-18)。这种蹲姿仅适用于女士。蹲下时双膝交叉在一起,两腿交叉重叠,后腿脚跟抬起,脚掌着地,上身略向前倾。

图2-17　高低式蹲姿　　　　图2-18　交叉式蹲姿

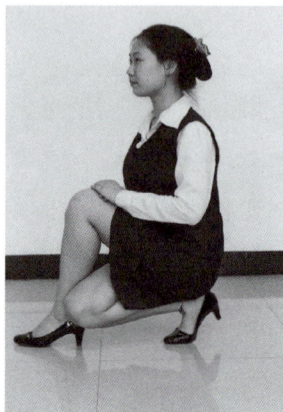

3.蹲姿禁忌

(1)行进中突然下蹲。

(2)背对他人或正对他人下蹲。

（3）女士穿裙装时下蹲，毫无遮饰。

（4）在正常工作中以蹲姿休息。

4.蹲姿训练方法

（1）加强脚踝、膝盖等关节的柔韧性，练习提腿、压腿、活动关节等动作。

（2）蹲姿控制练习。要有意识地控制平衡，保持蹲姿，形成好习惯。

蹲姿基本要求
及禁忌

六　引导礼仪

1.引导方法

（1）通道引导法。接待人员在客人两三步之前，走在客人的左侧。

（2）楼梯引导法。引导客人上楼时，应让客人走在前面；若是下楼，则是接待工作人员走在前面，客人在后面，上下楼梯时应注意客人的安全。

（3）电梯引导法。引导客人进入电梯时，接待工作人员先进入电梯，等客人进入后关闭电梯门，到达时按"开"按钮，打开电梯门，让客人先走出电梯。

2.引导手势

引导手势的运用要规范。在引路、指示方向时，五指并拢，小臂带动大臂，小臂与地面保持水平。根据指示距离的远近调整手臂的高度，身体随着手的方向自然转动，收回时手臂应略成弧线再收回。在做手势的同时，要配合眼神、表情和其他姿态，才能显得大方。切忌用单个食指指示方位。

引导礼仪

七　客运服务人员的仪态礼仪要求

客运服务人员的行为举止和仪态体现了员工个人的文化素养和工作状态，使用符合自身角色的标准仪态，更能为乘客所接受，具体要求见表2-7。

客运服务人员的仪态礼仪要求　　　　　　　　　　　　　　表2-7

分类	基 本 要 求	常 见 错 误
站姿	1.上身挺胸收腹，头正目平，双肩平齐，双手自然下垂或体前轻握，下身应保持双腿直立，脚跟并拢。 2.女士站立时，双脚呈"V"字形或"丁"字形，双手相握叠放于腹前或双手下垂放于裤缝边。 3.男士站立时，两脚分开与肩同宽，双手下垂放于裤缝边或叠放于腹前或放在背后	1.叉腰、抱膀、抖腿或把手插在衣袋内。 2.站立时倚靠在墙或其他物体上
坐姿	1.正面对准窗口，目光正视乘客，身体挺直，两腿自然弯曲。 2.男士双腿可以稍微分开。 3.女士双腿必须靠近并拢	1.趴着，打瞌睡。 2.用手托腮，侧身斜靠桌子。 3.前俯后仰，把腿放在椅子上
行姿	1.上身正直，挺胸收腹，两肩自然放松，双臂自然摆动。 2.与乘客相遇时，应主动点头示意并侧身避让	1.大摇大摆，勾肩搭背。 2.嬉戏打闹，左顾右盼

续上表

分类	基本要求	常见错误
手势	1.为乘客指引时,手掌稍微倾斜,掌心向上,五指并拢,前臂自然上抬,用手掌指路。 2.指示方向时,应目视目标方向	1.五指分开。 2.用手指指点乘客
目光	1.与乘客交谈或传递物品时,应坦然亲切,双眼正视乘客。 2.与乘客视线接触时,应点头微笑表示尊敬	1.俯视乘客。 2.目光注视乘客时,总是盯着一个部位

📖 任务实施

仪态礼仪训练

1.实训内容

站姿、坐姿、行姿和蹲姿。

2.实训目标

能够按照仪态礼仪规范展示站姿、坐姿、行姿和蹲姿。

3.实训准备

正装、书。

4.实训过程

（1）背靠墙练习。要求头、背、臀、脚后跟紧挨着墙,5~10分钟一组。

（2）顶书训练。标准站姿,在头顶上平放一本书,保持书的平衡,以检测是否做到头正、颈直,5~10分钟一组。

（3）加强腰部、肩部的力量和支撑力训练,进行舒展肩部的动作练习,同时利用器械进行腰部力量的训练,每种坐姿训练持续10分钟,加强腰部支撑能力。

（4）画直线或沿着地面砖的直线缝隙进行直线行走练习,5~10分钟一组。

📖 任务评价

仪态训练考核评分表见表2-8。

仪态训练考核评分表 表2-8

考核项目	考核标准		得分	备注
站姿 (35分)	身体各部位的 正确姿态(15分)	头、颈(3分)		
		两肩、胸(3分)		
		腰部(3分)		
		手位(3分)		
		两脚(3分)		
	不同站姿的展示(10分)	肃立(5分)		
		直立(5分)		
	顶书训练效果(10分)			

续上表

考核项目	考核标准	得 分	备 注
坐姿 (30分)	坐姿基本动作要领的展示(10分)		
	脚的摆放方式(10分)		
	入座后姿态的整体保持效果(5分)		
	入座前后的其他要求(5分)		
行姿 (25分)	身体姿态(10分)		
	跨步的均匀度(5分)		
	手位摆动的情况(5分)		
	根据音乐情境变换步伐(5分)		
蹲姿 (10分)	上身姿态(5分)		
	起身动作与表情(5分)		

知识巩固

一、不定项选择题

1. 地铁站务人员在为乘客引导带路时一般应行进在乘客的(　　)。
   A. 正前方　　　　　B. 左前方　　　　　C. 右前方　　　　　D. 后方

2. 常见的站姿种类有(　　)。
   A. 前搭手位站姿　　　　　　　　B. 后搭手位站姿
   C. 垂放式站姿　　　　　　　　　D. 侧身式站姿

3. 下列关于站姿说法正确的是(　　)。
   A. 在重要领导审查和检阅时,一般采用前搭手位站姿
   B. 在和乘客交流时,一般采用垂放式站姿
   C. 站姿的标准是正和直,主要特点是头正、肩正、身正;颈直、背直、腰直、腿直
   D. 后搭手位站姿适合女性工作人员使用

4. 关于坐姿说法正确的是(　　)。
   A. 入座时要轻稳,走到座位前转身后,右脚向后退半步,然后轻稳坐下,再把右脚与左脚并齐
   B. 臀部坐在椅子1/2或者2/3处
   C. 臀部只能坐在椅子的1/4以内
   D. 重叠式坐姿只适合男士

二、简答题

1. 简述微笑礼仪的要素。
2. 简述蹲姿礼仪的要点和注意事项。

任务三　客运服务人员的语言使用

任务目标

知识目标

1. 掌握称呼和问候用语、应答用语、电话用语的基本要求。

2. 掌握客运服务人员的规范用语。

能力目标

1. 能够使用合理的语言称呼问候乘客。

2. 能够使用文明用语得体地应答乘客。

3. 能够灵活使用电话用语接打电话。

素质目标

1. 培养良好的语言艺术，树立优雅大方的职业形象。

2. 培养遵章守纪的纪律意识和践行企业文化的自觉意识。

任务引入

某日20:00左右，站务人员在某站 A 出入口闸机处执岗，乘客赵女士持离休干部证换福利票，站务人员要求乘客出示证件进行查验，乘客说："我拿着你看。"此时站务人员冷淡地说："不可以，按照规定我们要进行证件查验。"乘客要求找车站负责人解决此事。值班站长到现场后，解释说："现在假证较多，我们要仔细检查。"乘客听到"假证"一词很生气，对站务人员误认为其使用假证表示不满。

讨论：乘客为什么会不满？工作人员有哪些做得不合适的地方？

知识准备

一　称呼问候用语

在问候乘客时，往往需要运用称呼，如"您""先生""女士"等。适当地运用称呼，会让人觉得你彬彬有礼、很有教养。它可以使互不相识的人乐于相交，熟人更加增进友谊。对于客运服务人员而言，更要学会正确地称呼乘客。称呼时自己的态度要热情、谦恭，称呼用语要恰当、亲切。

（1）敬称，如"您""您老"等，多用于尊长、同辈，但客运服务人员一定要用，以表示对乘客的客气与尊敬。

（2）亲属称谓，就是对非亲属的交际双方以亲属称谓，通常在非正式交际场合使用。服务人员在为特殊旅客提供服务时可以使用，如"大哥""大姐""大伯""大妈""大叔""爷爷""奶奶"等，不过要注意对方的年龄，不要使用不当的称谓。

（3）职业称谓，用于较正式的场合，带有尊重对方职业和劳动的意思，如"师傅""大夫""医生""老师"等，可以冠之以姓。

（4）职称称谓，是对干部、技术人员等的称谓。国家工作人员等在各种交际场所都应该用职务称谓，如书记、经理、主任、教授、工程师等，在前面加上姓名。

（5）姓名称谓，在非正式场合可称呼比较熟悉的同辈人为"老 + 姓"（老王、老张等）；对干部、知识分子等老年男性称"姓 + 老"（李老等）；长辈称小辈"小 + 姓"（小田等）。

（6）统称，男性称"先生"、女性称"女士""小姐"是当今社会上普遍流行的称呼，在服务工作中也可以使用。

二　应答用语

1. 敬语

敬语是表示对听话人尊敬礼貌的语言。敬语一般运用在以下场合，如：比较正规的社交场合；与师长或身份、地位较高的人的交谈；与人初次打交道或会见不太熟悉的人；会议、谈判等公务场合等。常用的敬语有"请""您""劳驾""贵方""贵公司""谢谢""再见"等。

🔍 **知识链接**

敬语的使用

敬语，特别是常用敬语，主要在以下几个场景使用。

（1）相见道好。人们彼此相见时，开口问候"您好""早上好"。在这里，一个词至少向对方传达了三个意思：表示尊重、显示亲切、给予友情，同时也显示了自己的三个特点：有教养、有风度、有礼貌。

（2）偏劳道谢。在对方给予帮助、支持、关照、尊重、夸奖之后，简洁、及时而有效的回应就是由衷地说一声"谢谢"。

（3）托事道请。有求于他人时，言语中冠以"请"字，会赢得对方理解、支持。

（4）失礼致歉。现代社会，人际接触日益频繁，无论你多么谨慎，也难免有失礼于亲友、邻里、同事或其他人的时候。倘若在这类事情发生之后能及时真诚地说一声"对不起""打扰您了"，会使对方趋怒的情绪得到缓解。

生活中还有许多敬语可展现客运服务人员的素质和修养。如，拜托语言"请多关照""承蒙关照""拜托"等；慰问语言"辛苦了""您受累了"等；赞赏语言"太好了"；同情语言"真难为您了""您太苦了"等；挂念语言"你现在还好吗？生活愉快吗？"这些都可以归为敬语范围。

2.委婉语与致歉语

委婉语是用来在服务工作中表达不宜直言的人或事物的言语,常常用于在一些正规的场合以及一些有长辈和女性在场的情况下,替代那些比较随便甚至粗俗的话语。例如想要上厕所,宜说:"对不起,我去一下洗手间。"让对方等候时,要说:"请稍等。"

致歉语是在服务过程中麻烦、打扰、妨碍了别人时,及时向对方表示道歉的语言。常用的致谦语有"对不起""非常抱歉""请原谅""不好意思"等。在工作中要规范使用、及时道歉、得体大方、言行统一。

3.常见应答用语

常见的应答用语有"好的""没问题""我知道了""我明白了""您说得对""对,是这样"等。

在应答时,应该注意以下几种情形:

(1)应答乘客询问时,要思想集中,全神贯注地聆听;不能目视别处,心不在焉,或说话有气无力。

(2)应答乘客提问或征询有关事项时,语言应简洁、准确,语气婉转,声音大小适中;不能随心所欲地谈天说地,或声音过大,或词不达意。

(3)如果乘客讲话含糊不清或语速过快,可以委婉地请乘客复述,不能听之任之,凭主观臆想,随意回答。

(4)回答多位乘客询问时,应从容不迫,按先后次序、轻重缓急一一作答,不能只顾一位乘客,而冷落了其他乘客。

(5)对于乘客提出的无理要求,须沉得住气,或婉言拒绝,或委婉地回答:"可能不会吧!""很抱歉,我确实无法满足您的这种要求,我帮您找其他人为您解答。"

三　电话用语

电话是现代人最常用的通信工具之一,电话交往虽然"只闻其声,不见其人",但却能给对方留下完整、深刻的印象。在日常工作中,客运服务人员必须掌握正确、礼貌的接打电话方法。

1.接听电话

尽量在电话铃响三声之内,带着微笑迅速接起电话并说出"您好",让对方在电话中也能感受到热情。接电话后,应主动报上姓名或单位,吐字清晰。如果是打出电话,应注意控制通话时间,言简意赅地把事情说清楚;如果是接听乘客电话且对方谈话内容很长,必须给予回应,如使用"是的""好的"等来表示在认真听。

2.结束通话

要结束电话交谈时,要感谢对方的来电或接听,用积极的态度感谢对方。一般应当由打电话的一方提出结束,然后彼此客气地道别,说一声"再见"再挂电话,不可只管自己讲完就挂断电话。

3.电话常用礼貌用语

(1)您好！这里是××公司××部(室),请问您找哪位?

(2)我就是,请问您是哪位?……请讲。

(3)请问您有什么事?(有什么能帮您?)

(4)您放心,我们会尽力办好这件事。

(5)不用谢,这是我们应该做的。

(6)××不在,我可以替您转告吗?

(7)对不起,这类业务请您向××部(室)咨询,他们的号码是……

(8)您打错号码了,这里是××公司××部(室)……没关系。

(9)再见!

(10)对不起,这个问题……请留下您的联系电话,我们尽快给您答复好吗?

四 客运服务人员服务用语要求

语言是为乘客服务的第一工具。城市轨道交通客运服务人员与乘客的交流主要是借助语言进行的。它对做好服务工作有十分突出的作用,具体要求见表2-9。

服务用语要求 表2-9

分类	基本要求	常见错误
问候用语	1. 主动向乘客问好,常用的问候语有"您好""早上好""下午好""晚上好"。 2. 面带微笑,注视乘客	1. 一言不发。 2. 使用"喂""嘿"等不礼貌的语言
应答用语	1. 当乘客询问时,应双眼注视乘客,面带微笑说:"您好,请讲!" 2. 向乘客致歉时应说:"实在对不起!这是我工作上的失误!""给您添了许多麻烦,实在抱歉,请原谅!"等。 3. 受到乘客表扬时应说:"这是我们应该做的,请多提宝贵意见。" 4. 当未听清楚顾客的问话时应说:"很对不起,我没听清楚,请重复一遍好吗?"	1. 在回答乘客问题时,边走边回答。 2. 冷言冷语,漠不关心
接听电话用语	1. 接听电话时要主动报出站名、岗位及自己的姓名:"××(车站),××(岗位),××(姓名),您好!" 2. 询问对方时应使用敬语:"您好,请问您是哪里?" 3. 在电话转接或中途需要暂时中断时应说:"对不起,请您稍等。" 4. 当对方找的人不在时,应礼貌地询问对方的姓名、是否有事转告,并认真做好记录	1. 语气生硬,漫不经心。 2. 问一句,答一句
广播用语	1. 必须使用普通话,语速中等,语调平缓,音量适中,不可使乘客受到惊吓。 2. 吐字清晰,内容简洁明了	1. 声音刺耳。 2. 漏播、错播

🔍 **知识链接** - □ □ □ □ □ □

乘客服务的常见用语如表 2-10 所示。

乘客服务的常见用语　　　　表 2-10

应 该 说	不 应 该 说
您好！	一言不发
好啊！没问题	好吧
不好意思，麻烦您重复一遍	什么呀
麻烦您，请您……	您应该……
对不起，我会立即处理	不是我的问题，您找其他人看看
麻烦您等一下，我会尽快为您办理	我现在真的很忙
我帮您看看	您可以去看指示牌
再见	拜拜

□ □ □ □ □ □ -

📖 任务实施

服务语言训练

任务描述： 分角色演练车站服务的某一环节，使用文明服务用语，在班级进行服务展示。

任务要求：

（1）展示的服务环节需要从进站服务、安检服务、售票服务、监票服务、候车服务、乘降服务、换乘和出站服务中任意挑选一项。

（2）根据服务环节、情境和岗位要求自行设计对白和文明服务用语。

（3）结合正确的仪态、微笑、眼神和手势来表达语言，增强语言的表现力。

（4）3～5 人一组，所有人员均需上场参加现场展示，分角色演练（可以扮演售票窗口工作人员、值班站长、乘客等）。

📖 任务评价

采取小组互评的方式，进行点评和排名，任务评价表见表 2-11。

任务评价表　　　　表 2-11

评价项目	评价标准	得　分	备　注
整体分（30分）	1. 服务场景设置合理，符合实际（15分）		
	2. 角色安排合理（15分）		
服务语言（40分）	1. 使用标准服务用语（20分）		
	2. 语言流畅、热情，语速适中（20分）		
仪容仪表和仪态礼仪（30分）	1. 仪容仪表礼仪符合要求（15分）		
	2. 仪态礼仪符合要求（15分）		

知识巩固

一、不定项选择题

1. 某乘客打电话投诉地铁车站的工作人员,值班站长接听电话并完成通话后,挂电话的顺序应为(　　)。

　　A. 无所谓先后顺序　　　B. 值班站长先挂　　　C. 乘客先挂　　　D. 以上都不对

2. 属于服务人员服务语的有(　　)。

　　A. 不好意思,麻烦您重复一遍　　　　　　　B. 对不起,我不知道

　　C. 对不起,您可以去看一下指示牌　　　　　D. 不好意思,您应该……

3. 下列关于电话应答说法正确的是(　　)。

　　A. 接综控室的任何电话都需要先和对方问好,然后报上自己的姓名和岗位

　　B. 在电话转接或中途需要暂时中断时应说:对不起,请您稍等

　　C. 接综控室的任何电话都需要在电话响 3～5 声后接

　　D. 因为综控室属于工作场所,所以在接到乘客电话时,应立即和乘客解释,要求乘客不要拨打该电话

4. 当服务失误向乘客致歉时,下列选项中最合适的应答用语是(　　)。

　　A. 实在对不起,我真不是故意的

　　B. 非常抱歉,您看怎么解决合适,都依您

　　C. 实在对不起,给您添了很多麻烦,请您原谅

　　D. 真的非常抱歉,但事情已经发生了,我们会尽量给您相应的赔偿

二、简答题

1. 简述称呼的常见方式。

2. 列出乘客服务过程中常见的应答用语。

乘客日常服务

项目说明

　　乘客日常服务是指在没有任何突发事件和应急事件发生时车站提供的服务，涵盖乘客进站至出站的全部过程，是车站服务人员每天最重要的工作内容之一，其服务水平直接影响着整个车站的服务质量。

　　本项目以车站乘客日常服务的全过程为主线，从乘客安检服务、售票服务、监票服务、站台候车及乘降服务、进出站和换乘引导服务、车站广播服务六个方面分别阐述了车站日常服务规范、服务设施和服务技巧，为学生掌握乘客日常服务的主要内容打好基础。

项目目标

◎ **知识目标**

1. 掌握乘客日常服务的主要内容。

2. 了解运营企业所在地的《城市轨道交通运营安全条例》《城市轨道交通禁止携带物品目录》《城市轨道交通车票使用规则》《城市轨道交通安全运营管理办法》《城市轨道交通乘客规则》中安全和票务方面的规定。

3. 掌握安检服务、售票服务、监票服务(进出站)的基本流程。

4. 掌握候车服务、乘降服务、广播服务和问询引导服务的服务要点和注意事项。

◎ **能力目标**

1. 能够帮助安检人员解决安检服务过程中常见的服务问题。

2. 能够按照规定的流程进行售票服务和监票服务,并能利用相关服务技巧处理乘客常见票务问题。

3. 能够维护站台乘车秩序,对安全隐患进行预判,保证乘客在站台的安全。

4. 能够按照广播服务的基本要求进行车站广播。

◎ **素质目标**

1. 树立以乘客为中心的服务理念,强化服务意识。

2. 遵守相应的法律法规,并以此为原则处理进出站服务问题。

3. 树立规范服务意识,提升专业涵养。

4. 提升在突发事件下从容应对、科学规范处置的良好心理素质。

5. 强化安全意识和风险意识。

◎ **建议学时**

20 学时。

任务一 安检服务

任务目标

知识目标

1. 了解所在城市的最新版《城市轨道交通禁止携带物品目录》《城市轨道交通运营安全条例》和《城市轨道交通乘客守则》中规定的禁止携带进站的物品名称及要求。

2. 掌握安检服务的基本流程。

3. 掌握安检服务过程中常见问题处理办法。

能力目标

1. 能够判断乘客携带的物品是否能够进站。

2. 能够监督安检人员的安检服务符合服务规范。

3. 能够帮助安检人员解决安检服务过程中常见的服务问题。

素质目标

1. 树立以乘客为中心的服务理念,强化服务意识。

2. 培养法律意识,树立依法依规的服务准则。

3. 具备良好的安全意识和安全作业能力,能够预判特定情况下的隐患和危险。

任务引入

2010年3月29日7:50左右,莫斯科地铁卢比扬卡站站内一节车厢发生爆炸。其后,莫斯科地铁文化公园站发生爆炸。随后,第三起爆炸事件发生,地点位于莫斯科地铁和平大街站。初步调查显示,发生在卢比扬卡站的爆炸威力约为3 kg TNT(三硝基甲苯)当量。调查者说,爆炸装置捆绑在两名自杀式袭击者身上。此次事件被称为莫斯科地铁连环爆炸案。

地铁是人流集中的地方,安全保卫工作丝毫马虎不得,安全检查作为安全防护的第一个关口,必须严格规范执行。

知识准备

一 安检服务设备

地铁安检的内容主要是检查乘客及其行李物品中是否携带枪支、弹药或者易爆、腐蚀、有毒、放射性等危险物品，以确保地铁及乘客的安全。一般有三种检查设备：一是 X 射线安检设备，主要用于检查乘客的行李物品；二是安检探测门，用于对乘客的身体检查，主要检查乘客是否携带禁带物品；三是手提式金属探测器，主要用于对乘客进行近身检查。

地铁安检必须在乘客进入地铁前进行，拒绝检查者不准进入地铁，情节严重者可转交至警方处理。

1. X 射线安检设备（图 3-1）

X 射线安检设备主要用于乘客行李物品检查，又称安检机、行李安检仪。

X 射线安检设备是借助于输送带将被检查行李送入 X 射线检查通道而完成检查的电子设备，由 X 射线机、X 射线探测箱、图像处理系统（计算机）组成。安检时，X 射线机发出 X 射线，X 射线透过被检箱包后，在 X 射线探测箱上形成 X 射线透视图，对乘客行李进行安全检查，防止乘客携带容易引起爆炸、燃烧、腐蚀、毒害或有放射性的物品及枪支、管制刀具等可能危害公共安全的物品。

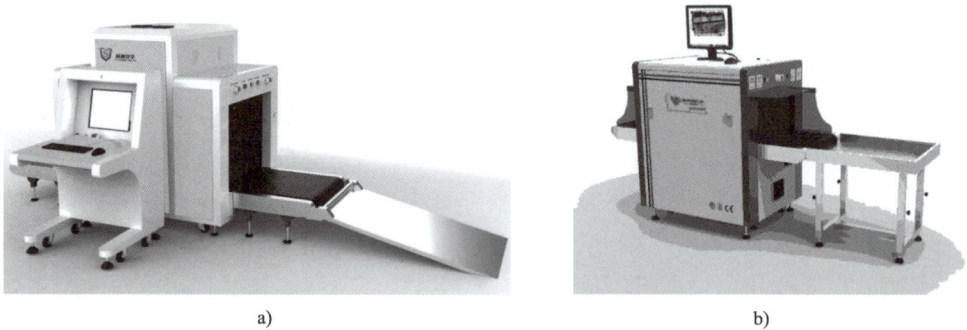

a)   b)

图 3-1　X 射线安检设备

2. 安检探测门（图 3-2）

安检探测门用于乘客的身体检查，是一种检测通过人员是否携带金属物品的探测装置，又称金属探测门。现阶段，很多安检门也具有温度探测功能，除了探测金属以外，也可对人体的温度进行检测、报警。当乘客从安检门通过，其身上所携带的金属超过根据质量、数量或形状预先设定好的参数值时，安检门即刻报警，并显示造成报警的金属所在区位，让安检人员及时发现该乘客随身携带的金属物品。

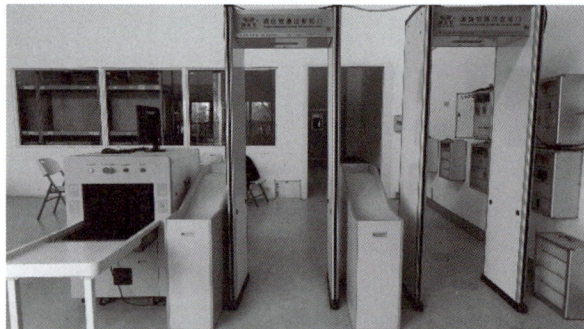

图 3-2　安检探测门

3.手持式金属探测器(图3-3)

手持式金属探测器可以探测出乘客所携带包裹、行李、信件、织物等物品内所带易燃易爆品或小块金属物品。其敏感度高,操作简便易行。安检探测门(简称安检门)主要用于检查人身携带金属的具体位置,也可配合手持式金属探测器使用,当安检门报警发现金属物品时,用手持式金属探测器即可找到金属物品的准确位置。

一般来说,地铁车站每个进站检票口前设置基本安检区,每个基本安检区配置一套行包通道式X射线检查系统(含工作站)、两套手持式金属探测器及相关辅助设备等。部分车站还会配置一套液体安检仪(图3-4)和爆炸物探测设备。

图3-3　手持式金属探测器

图3-4　液体安检仪

一般来说,行包安检系统主要由行包通道式X射线检查设备(含工作站)、液体检查设备、爆炸物探测设备、手持式金属探测器、防爆设备及相关辅助设备组成。

🔍 知识链接 --- ▢▢▢▢▢▢

安检设备对人体有害吗?

2015年5月15日,一位乘客乘坐成都地铁时,拒绝安检并将安检员推下楼梯致其昏厥,该乘客被拘10天。事实上,排斥安检的人不少,只是没这个乘客做得极端。这些人之所以排斥安检,原因之一是对安检仪器原理不了解,内心存有顾虑。那么,这些常用的和目前比较先进的安检设备,真的对人体有危害吗?

地铁X射线安检设备的工作原理是,通过X射线对物体进行透视,从而检测出危险物品。而X射线安检设备中X射线剂量较少,其内部射线基本是直射的,全部密封在X射线安检设备内。射线里还有极少量散射线,但X射线安检设备进出口的铅帘基本能挡住散射线,加上X射线安检设备内部四壁全部为厚厚的铅壁,只要不把铅帘大幅度撩起,X射线安检设备四周就检测不出射线。

但仍需要注意的是,安检时切不可图快,把手伸入X射线安检设备中取包,毕竟射线是在机器内部进行垂直照射的,手伸入内部会受到辐射。因此,正确接受安检,对人的健康是不会有害的。

也有不少人担心,自己包里的食物通过安检设备被X射线检测后,食物会受到污染。其实,大可不必太担心,因为X射线安检设备的辐射功率很小,食物被检测一次接收到的辐射剂量当量小于5微希沃特,远远低于那些用于对食物进行辐照杀菌保鲜的剂量。我们日常吃的不少食物，其实很多都是经过辐照的，其他国家也一样，如美国食品药品监督管理局和美国农业部就批准下列食物可以进行辐照杀菌和保鲜：包装冷藏或冷冻的红肉、家禽、新鲜的水果和蔬菜，以及谷物等。

安检门不产生电离辐射，主要探测乘客身上携带的金属利器，其利用的是电磁感应的原理。安检门两侧会产生迅速变化的磁场，这些磁场对人体不产生作用，但金属例外，因为金属在迅速变化的磁场下会产生涡电流，而涡电流又会产生一个磁场，当安检门探测到这个新磁场时，就会自动发出鸣声或闪灯。不少人过安检门时，也常有抵触情绪，认为安检门会对身体有害，尤其是孕妇。不过，安检门不是 X 射线安检设备，它产生的只是电磁场，并不产生电离辐射。

（摘编自《大众科学》2015 年第 7 期）

二 安检服务制度

要想严格规范地开展车站安全检查工作，必须了解相应的法律法规，要学会利用相关的条款来约束乘客的行为。车站站务人员不直接参与乘客的安全检查工作，但是如果出现安检服务纠纷，站务人员则需要到现场进行处理和解决，因此，必须掌握安全检查的相关规定。

现阶段，和地铁安检服务相关的政策文件主要有地铁所在城市的《城市轨道交通禁止携带物品目录》《城市轨道交通运营安全条例》《城市轨道交通乘客守则》等。

以北京地铁为例，安检服务相关的政策文件有《北京市轨道交通禁止携带物品目录(2020 修订版)》《北京市轨道交通运营安全条例》《北京市轨道交通乘客守则》。

🔍 知识链接

北京城市轨道交通禁止携带物品目录

一、枪支、子弹类(含主要零部件)。

(一)军用枪：手枪、步枪、冲锋枪、机枪、防暴枪等以及各类配用子弹。

(二)民用枪：气枪、猎枪、运动枪、麻醉注射枪等以及各类配用子弹。

(三)其他枪支：道具枪、发令枪、钢珠枪等。

(四)上述物品的样品、仿制品。

二、爆炸物品类。

(一)弹药：炸弹、照明弹、燃烧弹、烟幕弹、信号弹、催泪弹、毒气弹、手雷、地雷、手榴弹等。

(二)爆破器材：炸药、雷管、导火索、导爆索、导爆管、震源弹等。

(三)烟火制品：礼花弹、烟花、鞭炮、摔炮、拉炮、砸炮等各类烟花爆竹以及发令纸、黑火药、烟火药、引火线等。

(四)上述物品的仿制品。

三、管制器具及具有一定杀伤力的其他器具类。

(一)管制刀具：匕首，三棱刮刀，带有自锁装置的弹簧刀(跳刀)，刀尖角度小于60°、刀身长度超过 150mm 的各类单刃、双刃和多刃刀具，刀尖角度大于 60°、刀身长度超过 220mm

的各类单刃、双刃和多刃刀具，以及符合上述条件的陶瓷类刀具。

（二）催泪器、催泪枪、电击器、电击枪、防卫器、弓、弩等具有一定杀伤力的器具。

（三）射钉弹、发令弹等含火药的制品。

（四）菜刀、砍刀、美工刀等刀具，锤、斧、锥、铲、锹、镐等工具，矛、剑、戟等，以及其他可造成人身被刺伤、割伤、划伤、砍伤等的锐器、钝器。

（五）警棍、手铐等军械、警械类器具。

四、易燃易爆品类。

（一）压缩气体和液化气体：氢气、甲烷、乙烷、丁烷、天然气、乙烯、丙烯、乙炔（溶于介质的）、一氧化碳、液化石油气、氟利昂、氧气（供病人吸氧的袋装医用氧气除外）、水煤气等及其专用容器。

（二）易燃液体：汽油、煤油、柴油、苯、乙醇（酒精）、丙酮、乙醚、油漆、稀料、松香油及含易燃溶剂的制品等及其专用容器。

（三）易燃固体：红磷、闪光粉、固体酒精、赛璐珞、发泡剂 H 等。

（四）自燃物品：黄磷、白磷、硝化纤维（含胶片）、油纸及其制品等。

（五）遇湿易燃物品：金属钾、钠、锂、碳化钙（电石）、镁铝粉等。

（六）氧化剂和有机过氧化物：高锰酸钾、氯酸钾、过氧化钠、过氧化钾、过氧化铅、过氧乙酸等。

（七）2 个以上普通打火机；2 小盒以上安全火柴；20mL 以上指甲油、去光剂、染发剂；120mL 以上的冷烫精、摩丝、发胶、杀虫剂、空气清新剂等自喷压力容器。

五、毒害品类：氰化物、砒霜、剧毒农药等剧毒化学品以及硒粉、苯酚等。

六、腐蚀性物品类：硫酸、盐酸、硝酸、氢氧化钠、氢氧化钾、蓄电池（含氢氧化钾固体、注有酸液或碱液的）、汞（水银）等。

七、放射性物品类：放射性同位素等。

八、传染病病原体：乙肝病毒、炭疽杆菌、结核杆菌、艾滋病病毒等。

九、其他危害公共安全、列车运行安全的物品，如可能干扰列车信号的强磁化物、有强烈刺激性气味的物品、不能判明性质可能具有危险性的物品等。

二维码
地铁违禁物品介绍

十、国家法律、行政法规、规章规定的其他禁止持有、携带、运输的物品。

练一练

请上网查阅本地城市轨道交通企业的城市轨道交通禁止携带物品目录和乘客守则，并根据相关规定，判断下列物品是否可以携带进城市轨道交通车站乘车？
①家用冰箱；②长 2m、直径 20cm 的木棍；③一箱白酒；④充氢气的气球；⑤乘客携带的藏刀；⑥小金鱼；⑦宠物狗；⑧折叠自行车；⑨滑板车；⑩充电宝；⑪1 个打火机；⑫消毒用的还没有开封的酒精 150mL；⑬指甲油；⑭水果刀。

三 安检服务基本流程

安检服务作为与乘客安全息息相关的一项工作,必须严格、规范地执行。检查人员也应该以规范的服务流程完成安全检查工作。安检人员等待乘客接受安检如图 3-5 所示,安检服务流程见表 3-1。

二维码

安检服务的
基本流程

图 3-5　安检人员等待乘客接受安检

安 检 服 务 流 程

表 3-1

序号	程　序	示　意　图	内　容
1	迎		检查之前,应主动提示:"您好,请您接受安检,谢谢合作。"
2	操作		检查时,应主动伸手帮助乘客把包放到检测仪上或抬到桌子上
3	告别		检查之后应向乘客表示感谢:"谢谢您的配合,请慢走。"并帮助乘客把行李从检测仪上拿下来

四 安检服务常见问题处理

1. 发现乘客携带超长、超重物品时

（1）提醒乘客："对不起，您不能携带超长（超重）的物品进站。"

（2）耐心地解释地铁相关规定，建议乘客改乘其他交通工具。

（3）如遇到态度强硬、固执的乘客，首先让乘客了解：他的情况很难处理。如果乘客不愿意出站，可以寻求其他同事帮助乘客携带物品出站。

（4）如果乘客坚持搭乘，则可要求地铁公安协助。

2. 发现乘客包内有违禁品时

（1）把包拿到一边进行详细检查，避免当着所有乘客的面检查包内违禁品，让乘客感到难堪。

（2）耐心地解释地铁相关规定，向乘客详细指出哪些物品属于违禁品。

（3）如遇到态度强硬、固执的乘客，可以寻求其他同事帮助。

3. 出现客流高峰时

（1）委婉提醒乘客加快速度，并提醒后一位乘客做好准备，避免出现拥挤忙乱的现象。

（2）如果乘客过多，可以采用手持式检测仪进行检查，如图 3-6 所示，以加快安检速度。

二维码

乘客携带宠物进站
与工作人员发生冲突事件

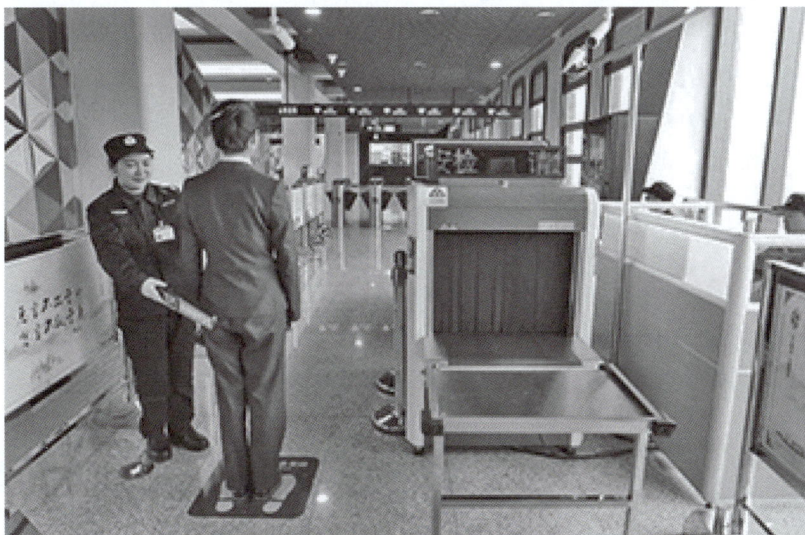

图 3-6 工作人员用手持式检测仪进行检查

五 案例分析

某日早高峰，站厅的安检处进站需安检的乘客较多，此时一位乘客拒绝安检，安检员上前要求乘客进行安检,该乘客拒绝说自己有急事,安检人员态度很生硬地称:"不行,一律安检。"并上前进行阻拦,乘客当即与安检员发生争执,乘客大声嚷嚷要见车站领导并投诉。此时在站厅执岗的监票人员闻讯后,立即上前进行协调处置,值班站长也随即赶到现场。

事件原因

(1)安检员工作中未使用文明用语,处理的方式方法不当,导致了乘客的抵触情绪。

(2)乘客不配合安检。

处理技巧

(1)安检员在乘客进站时要加大安检宣传力度,使用企业制定的标准用语:"为了您和他人的安全,请您配合我们的工作,请您顺序安检""请您理解,谢谢您的合作"等。

(2)对不配合安检的乘客,既要保证安检质量,又要注意服务态度和说话的口气,切忌使用命令和教训的语言。

(3)安检员和乘客发生冲突时,应遵循"快速处理法",在值班站长未到达现场时,上前劝阻乘客,请乘客支持和配合安检工作。

(4)值班站长赶到现场,应遵循"异人异地法",把乘客引导到乘客较少的地方,让乘客的情绪平息下来,然后向乘客进行耐心解释,宣传《城市轨道交通运营管理办法》的相关规定;并就安检员对待乘客的生硬态度向乘客表示道歉,让乘客能够心平气和地接受安检;对拒绝安检的乘客要及时通知公安人员。

改善与建议

(1)安检员在劝阻乘客不配合安检行为时,首先要保持平和的心态,在劝阻无效的情况下应及时通知值班站长及公安人员。情绪是会传染并且会逐步升级的;使用文明用语说好第一句话是关键。在乘客需求与行业规定制度相冲突的时候,要对乘客耐心解释,尽量让乘客理解地铁行业的规定,使乘客能理解、配合。

(2)给乘客一个不良情绪的发泄机会。当值班站长到达现场时,不要急于解释什么,要先给乘客说话的机会,然后再心平气和地向乘客宣传解释;同时,对于乘客提出的意见,该道歉的一定要及时诚恳地道歉,要认识到我们的工作最终是让乘客理解和满意,而不是和乘客争出谁对谁错。

(3)要理解、包容乘客。安检工作确实会碰到无理的乘客。在解决问题时,要主动给乘客下台阶的机会,切不可得理不饶人。等乘客怒气平息下来后,要主动热情地与乘客进一步沟通,不要在乘客不主动安检的问题上纠缠。

任务实施

安检服务纠纷案例收集与分享

任务描述:收集安检服务纠纷案例,进行课堂分享。

任务要求:

(1)收集安检服务相关的投诉或纠纷案例,分析纠纷原因,并给出合理建议。

(2)3~5人一组,以小组为单位进行课堂分享。

（3）采用 PPT 演示,时间不得多于 5 分钟。

任务评价

安检服务案例分享评价表见表 3-2。

安检服务案例分享评价表　　　　　　　　　　　　表 3-2

评 分 项 目	评 价 标 准	得　　分	备　　注
PPT 制作 （25 分）	1. PPT 播放流畅,运行稳定(5 分)		
	2. PPT 采用了文字、图片、视频、表格等多种表达方式(10 分)		
	3. 整体界面美观,布局合理,字体清晰、大小合理、层次分明(5 分)		
	4. 结构合理、逻辑顺畅,表达恰当,整体风格统一协调(5 分)		
投诉或纠纷案例分析 （45 分）	1. 分享的投诉或纠纷案例真实、有针对性(15 分)		
	2. 投诉或纠纷的原因分析合理(15 分)		
	3. 对于投诉或纠纷处理的建议合理(15 分)		
PPT 演讲 （30 分）	1. 声音响亮(15 分)		
	2. 语言表达得体、流利,具有感染力(15 分)		

知识巩固

一、判断题

1. 当发现乘客包内有违禁品时,安检工作人员应要求乘客立即开包检查,并且第一时间报警。　　　　　　　　　　　　　　　　　　　　　　　　　（　　）

2. 当发现乘客携带超长超大物品进站时,应禁止其进站乘车,必要时可以要求地铁公安协助。　　　　　　　　　　　　　　　　　　　　　　　　　（　　）

3. 当发现乘客拒绝安检时,工作人员需要根据现场情况灵活处理,如果乘客只是拿了一个小包,可以看情况放行,避免乘客投诉。　　　　　　　　　　（　　）

4. 当发现乘客包内有违禁品时,工作人员应该给予没收和上报。　　（　　）

二、简答题

1. 安检服务设备包括哪些?

2. 简述安检服务的基本流程。

3. 列举《城市轨道交通运营管理规定》(交通运输部令 2018 年第 8 号)中与安检相关的条款。

任务二　售票服务

任务目标

知识目标

1. 掌握单程票、一卡通卡(储值票)和福利票发售服务的基本流程。

2. 掌握补票服务及处理坏票服务的要点和技巧。

3. 掌握本地城市轨道交通企业《城市轨道交通车票使用规则》中的相关规定。

4. 掌握售票服务过程中常见问题处理办法。

能力目标

1. 能够按照规定的流程在半自动售票机上出售单程票卡和储值票。

2. 能够根据本地城市轨道交通企业《城市轨道交通车票使用规则》进行补票和坏票处理,解决乘客常见票务问题。

素质目标

1. 树立规范服务意识,提升专业涵养。

2. 树立以乘客为中心的服务理念,强化服务意识。

任务引入

在城市轨道交通运营服务中,人员服务意识、客运组织、服务信息发布、票务事务、客运设备等方面的不足常常会引起乘客的投诉,据城市轨道交通企业数据统计,每年票务事务被投诉的比例最高,远远高于其他投诉。请同学们讨论其中的原因。

知识准备

售票服务工作是站务员最重要的工作之一,主要包括自助售票服务、单程票服务及一卡通卡(简称一卡通)发售服务、福利票服务、补票及坏票处理服务。

一　售票服务相关制度文件

在城市轨道交通运营服务中,票务服务往往是被投诉最多的服务,作为工作人员,在票务服务时一定要严格遵守票务制度,减少票务服务投诉。以北京地铁为例,目前,北京地铁票务服务相关规定是《北京市城市轨道交通车票使用规则》。该规则详细描述了售票、充值、票卡使用、退票、补票的相关规定和办法,是工作人员解决票务纠纷的重要依据。

知识链接 --- □ □ □ □ □ □

《北京市城市轨道交通车票使用规则（2021年修订版）》（节选）

第一章 总 则

第一条 为加强本市轨道交通车票的使用管理，维护乘车秩序，根据本市有关规定，制定本规则。

第二条 本规则所指的车票是轨道交通专用的实体单程票、福利票、电子单程票、北京互联网票务App手机二维码（含亿通行App、北京公交App、北京一卡通App、云闪付App）、非京互联网票务App手机二维码、电子定期票和市政交通一卡通卡（以下简称"一卡通卡"）、北京发行的互联互通卡（以下简称"北京互通卡"）、非北京发行的互联互通卡（以下简称"非京互通卡"）、银联闪付卡、手机闪付卡。

……

第二章 购票及充值

第七条 非车站现场购票、充值：

（一）乘客可使用亿通行App或支持地铁购票乘车功能的第三方应用程序，在线购买实体单程票，通过车站自助售取票机现场取票。

（二）乘客可通过支持地铁购票乘车功能的第三方应用程序，在线购买电子单程票，购票成功后，乘客可在购票程序上，收到并查看电子单程票信息。

（三）乘客可通过手机亿通行App在线购买定期票。

（四）乘客可通过北京一卡通App，根据操作指引自助完成充值。如遇充值异常情况，请乘客联系一卡通公司售后渠道咨询。

第八条 乘客不可在车站售票处办理非京互通卡的购卡、充值等业务。

第九条 根据国家和本市有关法律、法规、规章规定，符合免费乘车条件的乘客，可持有效证件在车站售票处换取福利票或刷卡免费乘车。一名盲人可有一名陪同人员免票。未携带证件或证件因损坏难以辨认的，应照章购票。上述票证仅限本人使用，不得转借、转让和涂改。

第三章 使 用

第十条 实体单程票、福利票：

仅限当日在购票站或换领站单人、单次进站乘车使用。使用福利票的乘客应当配合工作人员的证卡核查及登记工作。

乘客进站时，使用车票轻触进站闸机读卡区，闸机验证通过后，闸门开启，乘客进站。

乘客出站时，需将车票插入出站闸机的投票口，闸机回收车票，闸门开启，乘客出站。

第十一条 电子单程票：

在使用有效期内，电子单程票仅限一人一码、单次进出站使用，仅限于购票时所选定的进站车站进站使用，且仅在进站当日有效。

乘客进、出站前，需确保手机电量充足、状态良好，并提前打开电子单程票二维码，将其对准闸机的指定扫描区域，闸机验证通过后，闸门开启，乘客通过闸机。

第十二条 互联网票务App手机二维码：

仅限一人一码进、出站乘车使用。

乘客进、出站前，需确保手机时间与北京标准时间同步，手机电量充足且所使用的互联网票务App处于账号登录成功状态，并提前打开App手机二维码界面，将其对准闸机的指定扫描区域，闸机验证通过后，闸门开启，乘客通过闸机。乘客进、出站成功扫码后，所使用的互联网票务App在线自动支付本次乘车费用。

第十三条 定期票：在定期票使用有效期内，乘客进、出站均需使用购买定期票时的同一手机扫描二维码，实行"一人一码、一进一出"的使用规则，严禁乘客复制转发定期票二维码等违规行为。定期票不享受北京轨道交通其他优惠政策。

第十四条 一卡通卡、北京互通卡、非京互通卡：

乘车前乘客需确保卡内余额不低于路网单程最低票价，进出站均需刷卡，仅限一人一卡进出站使用。乘客进站时，使用票卡轻触进站闸机读卡区，闸机验证通过后，闸门开启，乘客进站。乘客出站时，使用票卡轻触出站闸机读卡区，闸机扣款后闸门开启，乘客出站。

第十五条 银联闪付卡、手机闪付卡：乘客使用银联闪付卡或手机闪付卡时，进出站均需刷卡，实行"一人一卡、一进一出"的使用规则，且银联闪付卡与手机闪付卡不可在同一个行程混用。乘客使用银联闪付卡或手机闪付卡过闸前，需在进、出站闸机前将银联闪付卡或手机闪付卡对准闸机的指定刷卡区域。闸机验证通过后，闸门开启，乘客通过闸机。乘客进、出站成功刷卡后，银联闪付卡或手机闪付卡自动支付本次乘车费用。乘客若使用手机闪付卡过闸需确保手机电量充足、手机NFC功能打开，且默认卡片为手机闪付卡。

......

第十七条 车票应当单张使用，不得两张及两张以上重叠使用，且不得多人同时使用一张车票。

第十八条 乘客乘坐轨道交通时应当妥善保管车票，请勿遗失，不可弯折、涂写、打孔等造成车票损坏。

第十九条 乘客进出站时，应当排队并使用身体右侧闸机检票进出车站。

第二十条 成人带领一名身高不满1.3米儿童乘车时，儿童免票，按照"儿童在前，成人在后"刷卡通过闸机。带领两个以上身高不满1.3米的儿童乘车，一个儿童免票。

第二十一条 乘客不按规定购买、使用车票，且拒绝补票、验票，辱骂、殴打工作人员，倒卖车票、非法更改车票信息、伪造变造车票和免票证件的，损坏、干扰自动售检票系统设备设施的，扰乱公共交通秩序的，交由公安机关依法处理。

第四章 退 票

第二十二条 在有效期内且未使用的电子单程票，乘客可在第三方应用程序上在线退票，票款按原渠道返还。超过有效期且仍未使用的，第三方应用程序将自动在线退票。

第二十三条 定期票一经激活不予退票。乘客购买定期票后，若30个自然日内未激活使用，可通过亿通行 App 在线退票;若超过 30 个自然日仍未激活使用,亿通行 App 将自动在线退票。

第二十四条　轨道交通线路因故中断运营时,乘客须根据车站客运组织安排有序出站,运营单位应采取相关措施减少乘客出行损失,在故障发生线路或直接受影响线路视情况办理退票。

第五章　补　票

第二十五条　超时/超程补票:

(一)超过票价有效路程乘车的,按超过的路程票价补票。

(二)在车站付费区停留超时的,按路网单程最低票价补交超时车费出站。

(三)超过票价有效路程且在车站付费区停留超时的,按超过的路程票价与路网单程最低票价之和补交车费出站。

第二十六条　不按规定购买、使用车票的乘客,应按下列规定补票。具体为:

(一)乘客使用实体单程票无法出站时,需到车站售/补票处或自助补票设备上补交票款;如因车票故障无法读写,乘客应按照实际行程补票出站。

(二)使用电子单程票的乘客需在支持地铁购票乘车功能的第三方应用程序上按相应提示操作完成补票。

(三)使用互联网票务 App 手机二维码的乘客需在所使用的互联网票务 App 上按相应提示操作完成补票。

(四)使用定期票的乘客需在亿通行 App 上按相应提示操作完成补票。

(五)使用一卡通卡无法进出站时,乘客可先到车站售/补票处或通过自助设备查询一卡通卡相关信息。

1.如因卡内余额不足无法正常进站,乘客应充值或购票进站。

2.如因卡内缺少上次乘车出站记录(首次使用除外)无法正常进站,乘客应到售票处按照实际行程补交票款后进站。

3.如因票卡无法读写或过期无法正常进站,乘客应到售票处购票进站或激活后进站。

4.如因卡内缺少本次乘车进站记录,乘客应到补票处按照实际行程补进站记录后出站。

5.如因卡内余额不足无法正常出站,乘客应到补票处处理。

6.如因票卡无法读写无法正常出站,乘客应到补票处按实际行程购买一张出站票,持出站票出站。

(六)使用互联互通卡无法正常进出站的乘客,应到车站售/补票处按规定补交票款。

(七)乘客使用银联闪付卡或手机闪付卡在轨道交通发生不完整记录,进站刷闸时,后台系统将按照本次不完整记录车站的最高票价自动扣费。若有异议,请乘客联系银联客服处理。使用银联闪付卡的乘客可下载、注册亿通行 App 或云闪付 App,按照提示遵照《北京轨道交通单程票互联网票务服务规则》线上补票。

(八)人为损坏车票,或进入付费区遗失车票的,视为无票乘车,损坏的故障票卡回收,乘客须按照本站到路网最远端票价补票出站。

(九)使用废票、假票,或不接受检票,翻越闸门、围栏,违规进出车站付费区,应按照路网单程最高票价的 10 倍补交票款,并由工作人员收缴失效车票。

（十）使用涂改、伪造或冒用免票证件的，应按照路网单程最高票价的 10 倍补交票款，并由工作人员收缴证件。

……

第三十五条 本规则自发布之日起实施，原《北京市城市轨道交通车票使用规则》废止。

练一练

根据本地城市轨道交通运营企业车票使用规则，判断下列说法是否正确。

1. 福利票的票价为 0 元，仅限当日在换领站使用。（　　）

2. 遗失单程票卡的乘客出站时，需要到车站补票处补交票卡成本费后，领取出站票出站。（　　）

3. 城市轨道交通线路因故中断运营，可依照有关规定办理退票。（　　）

4. 当一个成年人带两个不到 1.3m 的乘客进站时，只需要买一张票。（　　）

5. 携带物品面积超过一个座位面积的，需另加购一张同程等额车票。（　　）

6. 当有乘客强行翻越闸机时，站务员可以要求其补足 10 倍乘车费用。（　　）

7. 在机场线，若乘客使用或保管不当造成机场线单程票明显损坏，乘客应当支付机场线单程票成本费后，领取出站票出站。（　　）

二　自助售票服务

1. 自助售票设备——自动售票机

自动售票机（图 3-7）是自动售检票系统的重要组成部分，也是主要的终端设备之一，主要的功能是实现无人自动售票。

图 3-7　自动售票机

　　自动售票机(简称TVM)属于自助售票设备,安装在地铁车站的非付费区内,用于乘客自助购买单程票。可投入人民币硬币和纸币并出售单程票,同时具备硬币找零功能。

　　自动售票机设计采用标准模块化结构设计,具备触摸屏及乘客显示器,用于显示城市轨道交通线路及票价、操作提示等信息。乘客操作面板标有操作流程,在纸币入口、硬币入口、取票口、退币口有明显提示。该设备能存储交易数据、工作状态记录和运营参数,通过网络和车站计算机,实时上传工作状态和交易数据,接收车站计算机的控制命令并执行命令。

　　2. 自助售票服务的基本要求(图3-8)

二维码

TVM购票引导服务

图3-8　工作人员准备指导乘客使用自助售票设备

　　(1)当乘客第一次使用自助售票设备时

　　①耐心指导乘客如何使用自助售票设备(表3-3),尽量让乘客自己操作,注意避免直接接触乘客财物,以免发生不必要的纠纷。

　　②耐心指导乘客如何刷卡进站,并提醒乘客妥善保管票卡,出站票卡需要回收。

自动售票机购票流程(以北京地铁4号线为例)　　　　表3-3

序　号	流　　程	示　意　图
1	选择目的地车站和购票张数	

续上表

序号	流 程	示 意 图
2	投入对应数量的硬币或纸币	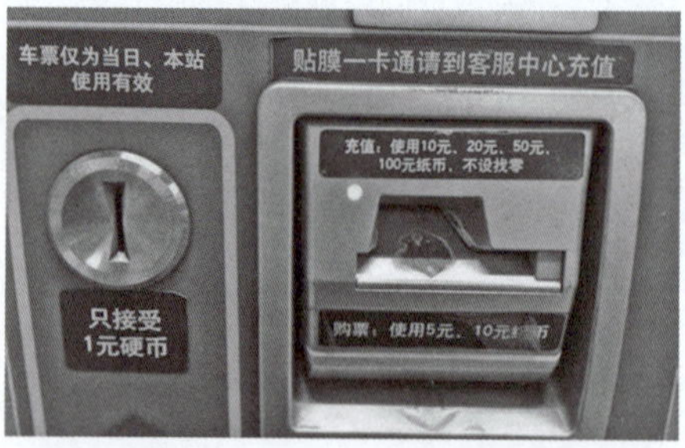
3	确认车票信息和付款金额后，点击"确定"	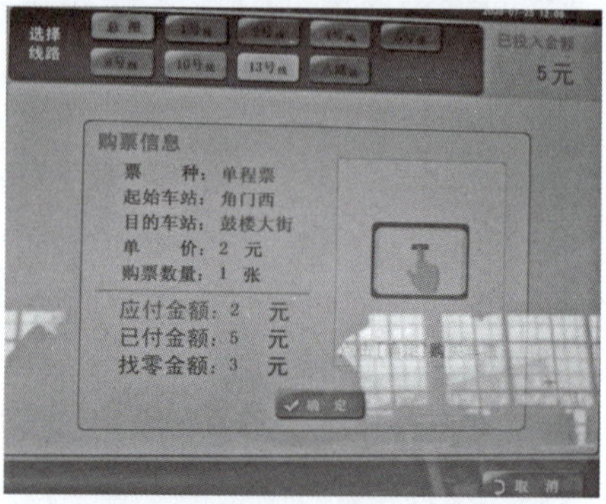
4	取出车票和找零，车票购买成功	

（2）当乘客使用自助售票设备出现卡币时

①检查设备状态，如显示卡币，则向乘客道歉并按票务管理规定办理。

②如显示正常，则按有关规定开启设备维修门，确认有卡币现象后，立即向乘客道歉："对不起，设备出现故障，请您谅解，我会马上为您处理。"

③如打开维修门后，确认没有出现卡币现象，则向乘客解释："对不起，经我们核查，目前机器没有出现故障，按照规定我们不能为您办理，请您谅解。"

🚄 小提示

当设备出现故障时，应主动悬挂故障标志，并及时上报维修部门。

（3）当乘客使用自助售票设备出现卡票时

①检查设备状态，如显示卡票，则按规定办理。

②如显示正常，则打开维修门进行查看，如出现卡票现象则立即向乘客道歉："对不起，我们立即为您重新发售车票。"

③如打开维修门后，发现没有卡票现象，则由工作人员向乘客做好解释工作，必要时可以交给值班站长处理。

（4）当发现售票亭处排队乘客过多时

①面带微笑，主动进行宣传疏导："现在购票乘客较多，您可以使用自动售票机购票或充值。"

②征得乘客同意，引领乘客："大家好，请跟我来。"

③对乘客的配合表示感谢："谢谢大家的配合。"

> **🖥 小贴士**
>
> 在实施自助购票的车站，站务员应站在乘客容易观察到的位置，为乘客购票提供必要服务。站务员应细心观察，主动为不熟悉自助购票操作的乘客提供服务。

三 单程票、储值票（一卡通）发售服务

1.单程票、储值票发售服务设备——半自动售票机

半自动售票机（图3-9）简称 BOM 机（Booking Office Machine），通常安装在售/补票房或车站服务中心内，采用人工方式完成票务处理、车票发售、加值、车票分析（验票）、退票及其他票务服务。因此，BOM 机又称为人工售/补票机或票房售/补票机。

a)   b)

图3-9　半自动售票机

2.单程票发售基本流程

在乘客购买单程票时，售票员应该严格执行"一迎、二收、三唱、四制、五找零、六告别"的程序，具体流程见表3-4。

单程票发售的基本流程 表 3-4

序号	流程	示 意 图	内 容
1	迎		1. 面带微笑迎接乘客： "您好，请问您去哪儿，需要几张票？" "共××元。" 2. 不可面无表情、无精打采
2	收		1. 面带微笑向乘客说："收您××元/您的钱正好。" 2. 接过票款后，进行验钞。 3. 忌一言不发
3	唱		1. 重复乘客要求的购票张数。 2. 重复票款金额： "到××车站单程票××张，共××元"
4	制		在 BOM 机上选择相应功能键，处理车票
5	找零		1. 清楚说出找赎金额和车票张数。 2. 将车票和找赎的零钱一起礼貌地交给乘客。 3. 提醒乘客当面点清
6	告别		"请您慢走"

📖 **练一练**

请同学们完成对话过程,并演练。

情境一:乘客目的地车站为西小口站,票价9元,乘客支付现金20元。

售票员:"您好! 您去哪站? 需要几张票?"

乘客:"两张,西小口站。"

售票员:……

情境二:

售票员:……

乘客:"到西三旗多少钱一张? 我要20张。"

售票员:……

情境三:

售票员:……

乘客:"不好意思,我刚接到电话,我不需要坐地铁了,帮我把票退了吧!"

售票员:……

3. 一卡通发售、充值服务基本流程

在进行一卡通发售和充值时,应严格遵守"一迎、二收、三确认、四制、五找零、六告别"的程序,具体流程见表3-5。

二维码

一卡通充值一次
作业程序

一卡通发售、充值服务的基本流程　　　　　　表3-5

序号	流程	示　意　图	内　　容
1	迎		1.面带微笑,主动向乘客道"您好"。 2.问清乘客欲购一卡通金额或充值金额
2	收		1.收取乘客的票款:"您好,收您××元。" 2.接过票款后,进行验钞,并将收取的票款放在售票台面上。 3.严禁拒收旧钞、零币、分币

续上表

序号	流程	示意图	内容
3	确认		1. 对于购买一卡通的乘客，提醒乘客根据显示屏确认票卡内金额。 2. 对于充值的乘客，则需要重复乘客充值的金额和票卡当前余额，并提示乘客根据显示屏确认充值后的金额："您卡上余额为××元，充值××元，充值后金额为××元，请核对信息"
4	制		按照设备使用规定，操作 BOM 机准确发售票卡或充值
5	找零		1. 清楚说出找赎金额。 2. 将找零、一卡通、售卡/充值凭证和发票一起礼貌地交给乘客。 3. 提醒乘客当面点清。 4. 找零做到有新不给旧，有整不给零
6	告别		1. 向乘客道："请您慢走。" 2. 待乘客离开窗口后，将台面上的票款收入放进抽屉内

💻 **小贴士**

负责售票的工作人员不得携带私款上岗，不允许代人存放物品。

4. 单程票发售、一卡通发售和充值服务常见问题处理

（1）乘客给付的纸币出现残缺

当乘客给付的纸币出现残缺时，应按照以下规定处理：

①不接收缺损四分之一以上的纸币。

②拒不接收辨认不清面值的纸币。

③除上述两种情况外，所有人民币都应该按规定收取（再小的零钱也要接收，不论数量多少）。

④乘客给付的残钞按规定不能接收时,站务人员应在拒绝收取的同时,礼貌地向乘客解释原因:"对不起,您给我的纸币……麻烦您换一张,谢谢合作。"

（2）乘客给付的是假钞

当发现乘客给付的是假钞时,应尽量避免让乘客感到难堪:

①不告诉乘客是假钞,只要求乘客更换:"不好意思,请您换一张纸币。"

②如果提醒无效,应向乘客解释原因:"不好意思,您给我的纸币不能被设备识别,麻烦您换一张,谢谢合作。"

③如果乘客拒绝更换纸币干扰到正常服务,可以报告值班站长或请求公安协助。

④如遇到数量较多的假币,应立即报告值班站长或请求公安出面处理。

（3）找不开零钱时

当找不开零钱时,不要直接建议乘客去另外的入口处买票或充值:

①应礼貌地询问:"对不起,请问您有零钱吗?"

②如果乘客没有零钱,应向乘客表示抱歉:"对不起,这里的零钱刚找完,请您稍等,我们马上备好零钱。"

（4）当乘客在客服中心窗口前排起长队时

当发现乘客在客服中心窗口前排起长队时,一定要对乘客做适当的安抚:

①对等待已久的乘客或感觉不耐烦的乘客:"对不起,请您稍等,我们会尽快办理。"

②如果需要较多的时间接待某位乘客,可以向其他同事请求帮助。

③假如排队的乘客中有投诉时,应先说:"不好意思,让您久等了,我会尽快帮您处理。"

（5）发现有乘客插队时

应用礼貌但又坚定的语气告诉他:"麻烦您先排队,我们会尽快为您服务。"

（6）当乘客需要的某些一卡通服务车站无法办理时

①首先给乘客适当的安抚,向乘客表示抱歉:"对不起,目前车站无法办理此项业务。"

②向乘客解释车站没有办理此项业务的权限。

③如果乘客办理退卡,告知乘客可以到指定的网点办理退卡,并告诉乘客离本车站最近的网点位置。

5.案例分析

案例一

某日中午12:00左右,站务人员在某站A口BOM室执岗,乘客李女士使用30个一角硬币购买单程票。站务人员要求乘客更换成整钱购票。当乘客李女士询问原因时,站务人员回答:"上级有规定,不好清点。"乘客随即换钱给了站务人员。乘客购票后,随即拨打地铁服务热线对站务人员拒收零散购票款投诉。

投诉原因

（1）站务员杜撰企业的规定,损害了企业的形象。

（2）站务员嫌收取零钱清点票款麻烦,工作中缺乏服务意识,导致乘客不满。

处理技巧

（1）严格按照单程票发售的基本流程,使用文明用语,站务人员应做到"有整不找零,有新不找旧,严禁拒收旧钞、零币、分币"。

（2）在人工售票过程中,严格落实"唱收唱付"票务作业制度,严禁拒收旧钞、零币、分币,确保票款收入准确无误;另一方面坚持"乘客至上,服务至微"的服务理念,对于乘客的合理需求,提供快捷优质的服务。

改善与建议

（1）乘客使用零钱、硬币购票是对地铁服务的检验。作为站务人员,在服务过程中应端正工作心态,坚持"乘客至上,服务至微"的理念,在服务过程中,应做到"把麻烦留给自己,把方便送给他人"。

（2）站务员对待乘客质疑时,要坚持使用文明用语。根据相关规定给予解答,切不可置之不理或与乘客发生言语冲突。更不应该无中生有,杜撰规章,不负责任地向乘客解释。

案例二

某日 10:00 左右,站务员在某站西厅 BOM 室执岗,当时正在进行单程票发售工作,乘客提出要充值,站务人员看到乘客手中拿着的储值卡,就让其到自助充值设备去自行充值。因该乘客的储值卡已贴膜,致使储值卡在自助充值设备上插不进去,不能进行充值。随后乘客找到站务员告知储值卡插不进去,站务员面无表情地告知乘客:"如果储值卡没有贴膜,就可以插进去了。"随后乘客自行离去,事后投诉。

投诉原因

（1）站务员没有弄清楚乘客储值卡是否贴膜直接建议乘客自助充值,乘客自助充值失败。

（2）在乘客提出无法自助充值,需要人工充值服务时,还建议乘客去自助服务,缺乏主动服务意识。

处理技巧

（1）在具备自助充值设备的车站,要宣传鼓励乘客使用自助机充值。

（2）对不能在自助充值设备充值的贴膜卡和异形卡,应积极主动提供人工充值服务。

改善与建议

（1）站务人员要切实提高服务意识,时刻以乘客为中心,灵活处置现场服务问题。

（2）如果单程票售票排队乘客较多,可以建议乘客排队等候并提醒乘客可能需要等待较长时间。

案例三

某日 18:00 左右,站务人员在车站 B 口 BOM 室执岗,乘客张先生在该 BOM 室售票窗口购买一张储值卡。次日 7:00,张先生在本站使用该储值卡进站时,闸机扇门未打开并发出报警音,张先生又反复在不同进站闸机上刷卡,储值卡均不能正常使用。于是张先生找到站务员要求查询该储值卡,查询结果显示储值卡状态为已启用,卡内写有押金及充值信息,且无进站交易记录。站务员告知张先生此储值卡各种信息显示正常。张先生认为自己在该车站购买的储值卡不能正常使用,要求车站更换储值卡。站务员告知张先生不能为其更换储值卡,储值卡不能使用属于卡片问题,需到储值卡发售网点客服中心处理。张先生对此解释投诉,要求车站的上级领导给予解决。

投诉原因

站务人员在售卡、充值过程中未严格落实发售作业程序,在未确认售卡、充值凭证已打出的情况下,将储值卡发售给乘客,造成储值卡无法使用。

处理技巧

(1)当遇乘客反映在本站购买的储值卡不能使用时,站务员不应推诿责任,应积极主动地与乘客进行沟通了解情况,及时向上级领导汇报,为乘客提供临时解决方案,缓解乘客的不满情绪。

(2)站务人员应严格落实发售储值卡作业程序,即"一迎、二收、三确认、四制、五找零、六告别",在售卡、充值作业完毕后,将找零现金、储值卡、充值凭证一同交给乘客。

改善与建议

(1)站务人员遇乘客反映购买后的储值卡不能使用的问题时,应本着现场快速处理的原则,积极与乘客进行沟通了解情况后,向乘客解释说明,并提供可行性的处理方案,留取乘客联系方式,及时与乘客沟通调查结果。

(2)针对异型储值卡,站务人员在办理充值作业前应认真确认乘客所持的储值卡是否正规,有无"市政交通一卡通"字样和相应"一卡通编号",卡内押金为"20元"、票卡类型为"纪念卡"的异型储值卡均不提供充值服务,以免充值后储值卡不可使用。

四　福利票发售服务

1.福利票发售的基本流程

①主动问候乘客:"您好,请出示您的证件。"

②"请您稍等。"双手接过乘客的相关证件,核对乘客所持有的免费证件是否有效。

③如实填写福利票换领记录,并要求乘客签字确认。

④"请您收好,慢走。"将福利票双手递给乘客。

💻 小贴士

如遇到持有《中华人民共和国残疾证》(视力残疾)的盲人乘客,在向其发放福利票的同时,也需要向其一名陪同人员发放一张福利票。

🔍 知识链接　□□□□□□

免费乘车人群(北京)

根据国家及北京市政府相关规定,以下乘客持本人相关有效证件可以免费乘坐北京地铁:

(1)现役军官、军士(士官)、义务兵、军队院校学员、武警部队现役警官、警士、武警院校学员、现役军官转改文职人员、武警部队现役警官转改文职人员和残疾军人。

(2)现役消防员和残疾消防救援人员。

(3)伤残人民警察。

（4）视力残疾乘客及1名陪同人员(首都机场线和大兴机场线除外)。

（5）京籍见义勇为人员(首都机场线和大兴机场线除外)。

（6）离休干部(首都机场线和大兴机场线除外)。

（7）身高1.3m及以下的儿童免费乘坐轨道交通。

2.案例分析

某日，一名男性乘客拿着《中华人民共和国残疾军人证》换福利票，售票员辨认该证件为伪造证件，于是直接大声指出该证件是伪造的，不同意为其兑换，乘客觉得没有面子，开口就骂脏话，并且和该售票员发生了争吵，影响了对其他乘客的售票服务。一分钟以后，该售票员请求值班站长协助处理，乘客边骂边离开了车站。

思考：

（1）在上述案例中，售票员有哪些地方做得不合适？

（2）乘客和售票员争吵的主要原因是什么？如何避免该乘客再次利用伪造证件？

（3）如果你是售票员，会如何处理？

五　坏票处理服务

坏票处理服务也是售票服务的重要内容之一。这里的坏票不是指票卡本身故障，所有无法进出站的票卡处理都属于坏票处理的范围。

当乘客的票卡无法进出站时，需要第一时间安抚乘客"请您别着急，我帮您查一下"，双手接过乘客的票卡，利用半自动售票机查询乘客票卡的基本信息，判断无法进站的原因。

1.一卡通无法进站处理办法

一卡通无法进站的原因主要有余额不足、已有本次进站记录、无上次出站记录、一卡通消磁或票卡损坏，具体处理办法见表3-6。

一卡通无法进站处理办法　　　　　　　　　　　　　　　　　　　表3-6

序号	原　　因	问　题　处　理
1	余额不足	礼貌地提醒乘客充值或购买单程票进站："您好，您的票卡余额不足，请您充值后使用，谢谢合作"
2	已有本次进站记录	确认是否是一卡多人使用；如果是，则耐心和乘客解释票卡使用规定；如果不是，可以刷车站工作票或进行车票更新让乘客进站
3	无上次出站记录	补写出站信息，礼貌提醒乘客会扣除相应的费用，并提醒乘客出站时也需要刷卡
4	消磁	礼貌提醒乘客购买单程票卡进站，并建议乘客可以到指定网点办理换卡的手续
5	票卡损坏	礼貌提醒乘客购买单程票进站

2.一卡通无法出站处理办法

一卡通无法出站的原因包括没有进站记录、一卡通消磁、票卡损坏或丢失等，具体处理办法见表3-7。

一卡通无法出站处理办法

表3-7

序号	原因	问题处理
1	无进站记录	需要查看上一次出站记录,判断是否是刚刚刷卡出站但没出去;如果是,则需要刷工作票让乘客出站;如果不是,问清乘客的进站车站,补实际进站记录
2	消磁	礼貌告诉乘客卡已经消磁,需要按实际行程费用补票出站,建议乘客可以到指定网点办理换卡的手续
3	票卡损坏	提醒乘客需要按实际行程费用补票出站
4	票卡丢失	根据当地城市轨道交通车票使用规则办理

3.单程票卡无法进站处理办法

单程票卡无法进站的原因主要有票卡过期、已有进站记录、非本站车票等,具体处理办法见表3-8。

单程票卡无法进站处理办法

表3-8

序号	原因	问题处理
1	票卡过期	耐心地向乘客解释票卡使用制度:"您好,按照公司规定,单程票卡必须是当日当站使用。"礼貌地提醒乘客需要重新购买单程票卡进站
2	已有本次进站记录	确定是否为一票多人进站,如果是,则耐心地和乘客解释票卡使用规定;如果不是,可以刷车站工作票或进行车票更新让乘客进站
3	非本站车票	耐心地向乘客解释票卡使用制度:"您好,按照公司规定,单程票卡必须是当日当站使用。"礼貌地提醒乘客需要重新购买单程票卡进站

4.单程票卡无法出站处理办法

单程票卡无法出站的原因主要包括无进站记录、票卡消磁、票卡损坏、票卡丢失、票卡超时等,具体处理办法见表3-9。

单程票卡无法出站处理办法

表3-9

序号	原因	问题处理
1	无进站记录	按照乘客车票购买车站,补实际进站记录
2	票卡消磁	礼貌告诉乘客票卡已经消磁,回收单程票,帮助乘客刷车站工作票出站
3	票卡损坏	根据当地《城市轨道交通车票使用规则》办理
4	票卡丢失	根据当地《城市轨道交通车票使用规则》办理
5	票卡超时	根据当地《城市轨道交通车票使用规则》办理

5.案例分析

案例一

某日上午9:15左右,A站站务员在进站闸机处执岗,乘客使用一卡通(储值卡)进站,但刷卡后闸机未开门。站务员帮助乘客查询后,在出站闸机上刷卡,随后将储值卡交给乘客,并告知其可以使用了。乘客进站乘车到达B站,出站时发现储值卡被多扣除3元钱,B站站务员查询票卡信息后,告知乘客上次交易记录为某线 A 站进站和 A 站出站,当日在 A 站被扣除了 3 元钱。乘客投诉,并找到 A 站要求解决。

投诉原因

(1)站务人员在对储值卡进行分析时,只关注到了储值卡写有进站信息,未注意到此进站信息记录的时间。

(2)站务人员未与乘客进行沟通,未了解乘客进站需求,臆测乘客所持储值卡为上次出站时未刷卡,导致的本次进站不可用,随意在闸机上对票卡进行处理。

处理技巧

遇乘客刷卡后无法正常进、出站时,站务人员应对票卡进行车票分析,认真确认票卡信息(上次交易时间、交易车站、票卡状态)后,为乘客办理补票,通过安全疏散门或使用车站工作票让乘客进出站。

改善与建议

站务人员在接到乘客反映储值卡多扣费问题时,应认真听取乘客陈述,并引导乘客到补票室或自动查询机处进行票卡信息查询,逐条告知乘客储值卡消费情况,做好解释。如乘客需要查询更多消费记录,可告知乘客通过市政交通一卡通网站查询更多储值卡消费记录。

案例二

某日早上,乘客在某站刷储值卡出站出不去,找到车站工作人员处理。工作人员直接刷了工作卡让乘客出站。下午乘客下班回家坐地铁进站时,发现又进不了站了,去售票处找工作人员处理,被告知卡内有一笔早上的不完整交易。乘客进站受阻,耽误了时间,认为早班工作人员不负责任,于是投诉。

投诉原因

车站工作人员没有按照岗位工作要求操作,对于乘客刷卡不成功的情况,主观认为看到刷卡的动作、听到闸机的提示音,就臆测为票卡内已写入出站信息,为节约处理时间,没有进行票卡分析,直接放行乘客。

改善与建议

地铁工作人员在执岗中应提高服务意识,增强责任心。对于乘客的票卡问题,应按照"首问负责制"要求,一次性正确处理,避免为乘客带来后续麻烦。

📖 任务实施

票务处理训练

1. 实训内容

单程票售票、一卡通充值、坏票处理。

2. 实训目标

能按照规定的流程进行售票服务和坏票处理服务。

3. 实训准备

半自动售票机、线网图。

4.实训过程

(1)分组练习,3~5人一组。每个小组成员轮流担任售票员,在半自动售票机上根据售票服务的基本流程进行人工售票,其余小组成员依次扮演乘客购票。

(2)采取小组对抗赛的方式练习坏票处理(抽签决定对抗小组),进行坏票处理服务演练:其中一组扮演乘客,另一组则扮演车站站务员、值班站长的角色,进行票务相关事务处理。

(3)扮演乘客的小组成员依次上场,可以临场发挥,加大坏票的处理难度,但需要有理有据,不得故意刁难。

(4)两组上台演练,其余组根据两组组员的现场表现进行打分。

任务评价

票务处理实训评价表如表3-10所示。

票务处理实训评价表　　　　　　　　　　　　　　　　表3-10

评分标准		得　分	备　注
情境设置 (30分)	情境总体设置合理,符合乘客实际(10分)		
	组员表演流畅,语言表达适合当时情境,没有故意刁难(10分)		
	组员演示过程中没有笑场(5分)		
	坏票信息设置正确(5分)		
单程票发售、坏票及票务事务处理 (70分)	单程票发售流程正确,设备操作正确(10分)		
	一卡通充值流程正确,设备操作正确(10分)		
	坏票处理方法正确(10分)		
	票务事务处理流程正确(10分)		
	票务服务的全过程符合车票使用规则(20分)		
	服务过程中使用文明用语,语言得体,不急不躁(10分)		

知识巩固

一、不定项选择题

1. 下列关于票务规定说法错误的是(　　　)。

　A.非城市轨道交通运营企业原因造成的票卡问题,所有售出的单程票,都不能退票

　B.在部分客流量大的车站,为了防止倒卖车票,乘客一次性最多只能购买5张票

　C.如果乘客一卡通外观损坏,售票员就不能为其办理退卡业务

　D.如果乘客一卡通外观损坏,但是读卡器可以读出信息,此时售票员可以办理退卡业务

2. 当乘客在车站内遗失福利票无法出站时,我们应该(　　)。

　A. 要求乘客按照路网最低票价补票出站

　B. 要求乘客按照路网最高票价补票出站

　C. 要求乘客按照本站到路网最远端票价补票

　D. 询问乘客从哪站上车,按照实际行程补票出站

3. 当乘客使用他人证件换取福利票时,根据《北京市城市轨道交通车票处理规则》,工作人员可以(　　)。

　A. 立即打110

　B. 要求乘客按照本站到路网最远端车站的10倍补交票款

　C. 没收免票证件

　D. 要求乘客按照路网最高票价的10倍补交票款

4. 下列关于换取福利票服务说法正确的有(　　)。

　A. 换取福利票时,需要填写福利票换领记录

　B. 残疾军人持《中华人民共和国残疾军人证》,伤残人民警察持《中华人民共和国伤残人民警察证》均可换取福利票

　C. 如遇有持《中华人民共和国残疾证》(视力残疾)的乘客,在向其发放福利票的同时,也需要向一名陪同人员发福利票

　D. 如果买票队伍较长,售票员则可以在核实证件后,直接让监票岗工作人员刷车站工作票让乘客进站,减少换福利票的时间

二、简答题

1. 简述储值卡无法出站的原因及处理方法。

2. 简述单程票无法进站的原因及处理办法。

3. 简述单程票发售的基本流程。

4. 简述福利票换取的基本流程。

任务三　监票服务

任务目标

知识目标

1. 掌握当地《城市轨道交通运营安全条例》中规定的乘客进出站要求。

2. 掌握监票服务的基本流程。

3. 掌握监票服务常见问题的处理方法。

能力目标

1. 能够按照规定的流程进行监票服务。

2. 能够根据城市轨道交通企业《城市轨道交通运营安全条例》处理乘客进出站服务的常见问题。

素质目标

1. 培养法律意识,树立依法依规的服务准则。

2. 树立以乘客为中心的服务理念。

3. 培养良好的安全意识和风险意识。

任务引入

2017 年,深圳地铁联合有关部门开展了地铁票务联合稽查大行动,7 月 25 日至 27 日三天共查处 242 例地铁逃票行为。

2018 年,5 月至 10 月的票务稽查活动中,北京地铁共制止逃票、冒用及伪造证件行为 6796 次,补缴票款达 42.6538 万元。

2018 年,上海地铁仅靠抽查,查处的逃票行为就达 126648 人次,补收票款 135 万元左右,而拒不接受处罚或未及时查处的逃票行为多几倍不止。

想一想:

1. 乘客逃票行为除了带来票款损失以外,还有哪些不良影响?

2. 作为工作人员,遇到逃票现象应该如何处理?

3. 监票服务除了要关注乘客逃票和违规使用车票以外,还需要关注乘客的哪些行为?

知识准备

一 监票服务设备

自动检票机（图3-10），也叫闸机，是城市轨道交通内负责监票服务的设备，可以分为进站闸机、出站闸机和双向闸机。进站检票机设置在车站的进口处，用于对进站乘客所持车票的有效性进行检查和判断，并做出相应的处理或发出相应的警告和提示。

出站检票机为乘客出站检票使用，可对出站乘客所持车票的有效性进行检查和判断，并做出相应的处理或发出相应的警告和提示。

双向检票机同时具备进站检票机和出站检票机的功能，可根据运营需要，通过车站计算机对其功能进行设定。可设定为三种运行状态：一是进站检票使用；二是出站检票使用；三是进/出站双方向检票使用。可根据乘客使用方向，随时调整检票机运行状态。

图3-10 自动检票机

二 监票服务相关制度

在监票服务过程中，工作人员除了关注乘客的票卡使用是否正确以外，还要及时关注进出站的乘客本身，要懂得利用相关的政策文件来约束乘客行为，减少安全隐患。

现阶段，和城市轨道交通进出站监票服务相关的政策文件有多个，如城市轨道交通所在城市的《城市轨道交通乘客守则》《城市轨道交通运营安全条例》或《城市轨道交通管理条例》。

知识链接

《北京市轨道交通运营安全条例》（节选）

第四章 运营组织安全与服务

第四十三条 禁止下列危害轨道交通运营安全的行为：

（一）擅自进入轨道、隧道等高度危险活动区域；

（二）擅自进入控制室、车辆驾驶室等非公共区域；

（三）向车辆、维修工程车或者其他设备设施投掷物品；

（四）在轨道线路上放置、丢弃障碍物；

（五）在高架线路桥下空间、站前广场存放、使用有毒有害、易燃易爆危险物品；

（六）在通风亭周边排放粉尘、烟尘、腐蚀性气体；

（七）在保护区内烧荒、燃放烟花爆竹；

（八）在车站出入口、疏散通道内、闸机口滞留；

（九）强行上下车；

（十）在非紧急状态下动用紧急或者安全装置；

（十一）在车站、车厢或者疏散通道内堆放物品、设置摊点等影响疏散的行为；

（十二）攀爬、跨越护栏护网，违规进出闸机；

（十三）在运行的自动扶梯上逆行；

（十四）在车站、车厢内追逐、打闹或者从事滑板、轮滑、自行车等运动；

（十五）在车站、车厢内乞讨、卖艺；

（十六）在车站、车厢内派发广告等物品；

（十七）其他危害轨道交通运营安全的行为。

> 想一想
>
> 根据上述规定，城市轨道交通运营企业是否可以拒绝醉酒乘客乘车？

三　监票服务的基本流程

在进行监票服务时，工作人员需要细心观察、微笑服务、主动热情；遇到乘客有票卡问题，需要耐心安抚、快速处理。监票服务的基本流程见表3-11。

监票服务的基本流程　　　　　　　　　　　　　　　　　　　　　　表3-11

程序	内　　　　容
一听看	1. 听自动检票机(闸机)提示音是否正确，看显示灯显示(图3-11)是否正确； 2. 如设备提示音或显示灯显示不正确，则耐心向乘客解释："对不起，请您再刷一次"
二提示	提示乘客正确刷卡，顺序进出站
三引导	1. 引导刷卡成功的乘客迅速进站乘车； 2. 引导票卡异常的乘客去客服中心处理

图3-11　北京地铁4号线闸机

1-刷卡状态显示灯，刷卡成功则亮绿色；2-优惠票指示灯，显示票卡是否为优惠票

四　监票服务常见问题处理

1. 当乘客初次使用车票时

（1）耐心地告诉并指导乘客："请您在××区域刷卡，右手持卡，有序刷卡。""出站时票卡需要回收，请妥善保管，谢谢您的合作。""车票回收，请您投票出站。""带小孩的乘客请让小孩先行。"

（2）必要时协助乘客使用票卡，但不要影响其他乘客进出闸机。

2. 当乘客携带大件行李时

（1）礼貌地和乘客沟通，建议其使用直梯或走楼梯："您好，您的行李较多，为了您的安全，请使用直梯，谢谢您的配合。"

（2）引导其从宽闸机（图3-12）进站。

二维码

乘客携带超长
物品进站的处理

3. 当发现成人、身高超过1.3m的小孩逃票或违规使用车票进站时

（1）应立即上前制止，并要求其到售票处买票："对不起，您的孩子身高超过了1.3m，请您买票，谢谢您的配合！"

（2）若发现违规使用车票的乘客，可按规定程序执行，必要时找公安配合。

二维码

工作人员未帮助
推婴儿车事件

二维码

乘客与两名儿童共用
一张车票进站事件

图3-12　地铁闸机（最左侧为宽闸机）

小贴士

如果有儿童进站，则礼貌地提醒乘客按照"儿童在前，成人在后"的原则刷卡通过闸机，或建议乘客抱起孩子进出闸机。

知识链接

香港地铁的贴心服务

如图3-13所示，在香港地铁，把测量身高用的简单的尺子做成卡通的模样，能吸引小朋友的注意力，小朋友可以自觉过来测量身高，为车站工作人员提供了方便，真正体现了地铁的人性化服务。

图3-13　香港地铁测量身高的尺子

4. 发现乘客刷卡正确,但刷卡无效时

(1)先了解情况,礼貌地向乘客询问是否已经刷过卡。

(2)如了解情况后,仍不能解决,则需要安抚乘客:"您别着急,我帮您查询一下。"

(3)引导乘客到客服中心或补票亭进行查询,礼貌地用手掌指示前往的方向。

(4)若情况许可,最好能陪同乘客前往解决问题,以免乘客重复提出问题和需要。

(5)服务中注意使用文明用语"请跟我来""请这边走""谢谢您的配合"等。

5. 当乘客出站卡票时

(1)先安抚乘客:"对不起,我们马上为您解决。"

(2)查看闸机的状态,发现确实卡票,则按规定办理。

(3)找到车票后,向乘客询问该车票的信息,确认车票是否为该乘客的,并做好相应的解释和道歉工作。

(4)若车站计算机没有报警,打开闸机也没有找到车票,请 AFC(自动售检票系统)维修人员到现场确认。如情况属实,对乘客做好解释工作。

五 案例分析

案例一

一日,在某车站,工作人员两次看见一名拾荒乘客正在地铁内拾荒,于是上前制止:"以后不允许到车站进行拾荒。"拾荒乘客对该工作人员不满,于是在车站寻衅滋事,声称车站的工作人员砸了他的饭碗。

纠纷原因

乘客不了解地铁的相关规章制度,工作人员态度强硬地进行制止,并没有给乘客任何的解释,造成乘客的不满。

处理技巧

该案例中,工作人员的工作方式确实存在不足。在处理时,我们需要向乘客道歉,检讨工作人员不合适的处理方式,同时要向乘客耐心解释地铁里的规章制度,避免再次发生纠纷。

改善和建议

在发现乘客有违规情况后,一定要耐心地向乘客解释相关规定,而不是一味地强硬制止。

案例二

在上海地铁 2 号线相继出现"超人""鹿人"等"行为艺术"后,2008 年 10 月 17 日,2 号线上惊现"木乃伊"。17 日,网友称地铁 2 号线开到上海科技馆站时,突然上来一个全身裹着白色纱布的形似"木乃伊"的人。该"木乃伊"一上车,很多人都拿出相机拍照。"木乃伊"时不时与乘客打招呼,甚至试图握手,把一位女乘客吓得用书遮面,大叫:"快走开,太恐怖了!"期间,木乃伊还在一个空位上坐了一会儿。

(1)对于上述案例,该"木乃伊"的出现会给车站的日常工作带来哪些安全隐患?

(2)作为车站工作人员,为了不影响其他乘客,可以拒绝该"木乃伊"进站吗?

(3)如果你是当班站务员,如何处理?

任务实施

监票服务训练

任务描述：以小组为单位现场演示监票服务。

任务要求：

（1）3~5人一组，现场抽签确定对抗小组，乘客组扮演乘客，工作人员组扮演车站站务员、值班站长的角色，进行监票服务。

（2）乘客组成员依次上场，可以临场发挥，加大监票服务难度，但需要有理有据，不得故意刁难。

（3）结束后，其余组根据两组组员的现场表现进行打分。

任务评价

监票服务实训评价表如表3-12所示。

监票服务实训评价表　　　　　　　　　　表3-12

评分项目	评 分 标 准	得　　分	备　　注
情境设置 （30分）	情境总体设置合理，符合乘客实际（10分）		
	组员表演流畅，语言表达适合当时情境，没有故意刁难（10分）		
	组员演示过程中没有笑场（10分）		
监票服务 （70分）	监票服务流程正确（10分）		
	引导乘客刷卡方法正确（10分）		
	处理卡票方法正确（10分）		
	监票服务中的相关事务处理遵守车票使用规则（20分）		
	监票服务中的相关事务处理以《城市轨道交通乘客守则》为依据（10分）		
	服务过程中使用文明用语，语言得体，不急不躁（10分）		

知识巩固

一、判断题

1.在监票过程中，工作人员需要严格执行一听看、二提示、三放行的工作流程。　　　　　　　　　　　　　　　　　　　　　　　　　　　（　　　）

2."一听看"中的"听"是指听设备的提示音是否报警。　　　（　　　）

3."一听看"中的"看"是指看乘客的身高是否超过了1.3m。（　　　）

4."一听看"中的"看"是指看设备显示灯是否正确，如果是福利票则显示红灯。（　　　）

5.醉酒乘客刷卡进站时，工作人员需要及时阻拦，不让其进入车站以保护乘客自身和其他乘客的安全。　　　　　　　　　　　　　　　　　（　　　）

二、分析题

假如你是工作人员，有一天你看见一位乘客拿着很多售房广告刷卡进站，你会禁止其进入车站吗？为什么？

任务四　站台候车与乘降服务

任务目标

知识目标

1. 掌握站台候车及乘降服务规范服务用语。

2. 掌握站台候车及乘降服务的基本要求。

3. 掌握站台候车及乘降服务的常见问题处理方法。

能力目标

1. 能够在站台上使用规范服务用语积极宣传,减少乘客的不安全行为。

2. 能够快速识别站台上的不安全行为。

3. 能够利用车站设备快速消除安全隐患,保障乘客安全。

素质目标

1. 培养良好的安全意识和风险意识。

2. 培养从容应对、科学规范处置突发状况的良好心理素质。

任务引入

2012 年 11 月 30 日 16 时许,令人惊愕的一幕在北京地铁 2 号线鼓楼大街站站台发生。据目击者介绍,在鼓楼开往东直门方向站台上,靠近列车进站口处,一穿黑衣的乘客将另一乘客推下站台,随后逃跑。此时一辆地铁列车正要进站。

思考: 如果你是工作人员,刚好在现场,你第一时间需要做什么?

知识准备

站台(图 3-14)候车及乘降服务是车站服务的重要组成部分,在早晚高峰时,站台上来往乘客较多,稍有疏忽,就有可能发生安全事故,尤其是乘客在上下车时容易混乱,工作人员和乘客之间也容易发生纠纷。因此,进行站台候车与乘降服务时,必须将安全理念和服务技巧相结合。

图 3-14　地铁车站站台

一　站台候车及乘降服务的基本要求

（1）注意站台乘客的候车动态。在没有设置站台门的站台应提示乘客站在黄色安全线以内候车，及时提醒特殊乘客注意安全（如对不便乘坐扶梯的乘客，应提醒其走楼梯），提醒乘客不要依靠站台门等。

（2）负责站台设备的安全。车门或站台门关门时，应确认其工作状况。发现未关闭好时，应及时向综控室报告，并负责处理站台门故障。

（3）留意站台上乘客的需要，如看到乘客有任何困难（身体不适、行动不便等），应主动上前了解情况，并尽量提供帮助，必要时可以向其他同事请求协助。

二维码

站台候车五部曲

💭 想一想

站台设备主要包括哪些？当这些设备发生故障时，站务员应该如何处理？

二　站台候车和乘降服务规范服务用语

在进行站台候车和乘降服务时，工作人员必须积极宣传，组织乘客分散上车，文明候车和乘降。当发现异常情况需要及时汇报，果断采取措施。站台候车和乘降服务规范服务用语如下：

（1）请您站在黄色安全线以内候车。

（2）请您不要倚靠站台门，以免发生危险。

（3）请您按照候车线指示，排队候车。

（4）请您分散候车，谢谢合作。

（5）现在是乘车高峰时段，请您分散车门上车。

（6）请您抓紧时间上下车，先下后上，谢谢合作。

（7）请不要抢上抢下，顺序上下。

（8）请您往车厢中部走。

（9）车门即将关闭，上不去车的乘客，请您等候下次列车。

（10）请让开车门，退到黄色安全线以内耐心等候下次列车，以免发生危险。

（11）请不要冲撞站台门，耐心等待下次列车。

三　站台候车及乘降服务常见问题处理

1. 当乘客站在黄色安全线以外候车时

（1）应及时提醒乘客："为了您的安全，请在黄色安全线以内候车。"

（2）如果乘客没有退后，应立即上前制止该乘客的行为。

2.当乘客采用蹲姿候车时

(1)应及时上前了解情况,看乘客是否有身体不适。

(2)如没有,应提醒乘客:"为了您的安全,请勿蹲姿候车。"

3.当乘客身体不适时

(1)应主动上前询问情况,并指引其到候车椅上休息。

(2)如果情况严重,则通知车站综合控制室处理。

4.当乘客在站台上吸烟时

如发现乘客在站台上吸烟,应立即上前制止,并有礼貌地解释:"对不起,为了安全,车站内不允许吸烟,请您灭掉烟头,谢谢您的合作。"

5.当乘客企图冲上正在关门动作中的列车时

如果乘客企图冲上正在关门动作中的列车,应阻止乘客(避免和乘客有直接碰触)并有礼貌地提醒:"请勿靠近车门,下次列车即将进站,请等候下次列车。"

乘客强行上车事件

6.当乘客在站台上逗留时

若发现有长时间逗留在站台不出站的乘客,应主动上前询问情况,避免发生逗留的乘客跳轨等紧急情况的发生。

四　案例分析

案例一

某日 10:00 左右,地铁站内有乘客与朋友在站台等车,其朋友趴在了站台门处,当时站台的一名工作人员隔着好几十人冲着乘客大喊:"别趴门,快躲开!"而且声音音量一次比一次高,乘客认为工作人员的态度十分恶劣。

乘客倚靠站台门
与工作人员冲突事件

投诉原因

乘客趴在了站台门处,工作人员没有使用文明用语,乘客认为工作人员大声叫喊,服务态度恶劣。

处理技巧

工作人员在发现乘客有不安全举动时应采取适当的方式进行劝阻,可以通知综控员和值班站长进行协助。综控员通过站台广播向站台乘客宣传乘车安全须知,安全员通过站台手台广播提示乘客注意安全。

改善与建议

(1)换位思考,充分考虑乘客在公共场所的自尊心问题。

(2)可以通过在站台持续播放乘车安全的预录广播、综控员实时广播、安全员站台广播、工作人员跑到现场向乘客说明情况等方式处理此类情况,但是应注意使用广播用语的规范。

案例二

车站某日早高峰时段 8:10 左右进站客流较大,站台滞留乘客较多(达到站台承载能力的 60% 以上)。上行列车即将进站时,一中年女乘客从站台中部跳下,随后横卧在两根钢轨之间。站台执岗站务员立即通过对讲机向综控员及值班站长报告。综控员立即按压"紧急关闭"按钮,关闭进站信号,列车司机及时采取列车紧急制动。值班站长立即下令启动"地外伤害"突发预案,待接触轨停电后,站务员跳下站台将乘客扶上站台,交予公安人员处理。

处理技巧

(1)值班站长在日常工作中应随身携带对讲机等通信工具,并保持信息通畅,便于站务员及时向值班站长汇报车站现场运营情况。

(2)在处置地外伤害突发事件时,一定要留取 2 名以上非城市轨道交通员工作为证人,以获取证明材料。

(3)为保证站务员自身安全,值班站长必须在得到综控员通知接触轨已停电后,方可下站台救人。

(4)在施救过程中,需检查跳轨乘客是否受伤,根据伤势情况拨打 120,进行急救。

(5)如站台乘客过多影响处置,应及时疏散站台乘客,并在关键部位(楼梯口、狭窄通道)设专人疏导,避免乘客拥挤发生次生伤害。

改善与建议

(1)如留取的证人表示有急事不能久留,应记录证人的姓名、联系电话、家庭住址及工作单位等信息,后续与证人联系,获取证明材料。

(2)值班站长及站务人员应尽快找到跳轨乘客,了解其伤势情况,无法断定是否死亡的一律按伤者处置,应设法将其尽快移上站台。如跳轨乘客为死亡,应尽一切努力避免动车救人,但在只有动车方可救人的情况下,动车决定由现场公安人员做出。如跳轨乘客已死亡,其位置不妨碍列车运行,可先行送电、通车;如其位置妨碍列车运行,可将尸体移上站台或移至边墙、道沟等不侵界位置,再行送电、通车。必要时再次停电进行救护、做好标记。

(3)站务人员有义务协助配合公安人员开展调查工作,涉及刑事案件的地外伤亡事故,应尽量保护现场,尽一切可能逮捕罪犯、留住犯罪嫌疑人、知情人及可提供线索者,积极协助公安人员破案。

(4)如换乘车站发生地外伤害事件,值班站长应指示综控员及时向行车调度员申请邻线列车在换乘车站通过不停车。

📖 任务实施

站台候车与乘降服务纠纷案例收集与分享

任务描述:收集站台候车与乘降服务案例,进行课堂分享。

任务要求:

(1)收集站台候车与乘降服务的相关投诉或纠纷案例,分析纠纷原因,并给出合理建议。

(2)3～5人一组,以小组为单位进行课堂分享。

(3)采用 PPT 演示,时间不得多于 5 分钟。

任务评价

采取学生代表评分制,每组推荐一名学生代表进行打分,评价表见表 3-13,最后成绩取平均值。

站台候车与乘降服务纠纷案例收集与分享评价表　　　　　表 3-13

评 分 项 目	评 价 标 准	得　　分	备　　注
PPT 制作 (25分)	1.PPT 播放流畅,运行稳定(5分)		
	2.PPT 采用了文字、图片、视频、图表等多种表达方式(10分)		
	3.整体界面美观,布局合理,字体清晰、大小合理、层次分明(5分)		
	4.结构合理、逻辑顺畅,表达恰当,整体风格统一协调(5分)		
投诉或纠纷案例分析 (45分)	1.分享的投诉或纠纷案例真实,有代表性(15分)		
	2.投诉或纠纷的原因分析条理清楚,有理有据(15分)		
	3.对于投诉或纠纷处理的建议合理(15分)		
PPT 演讲 (30分)	1.声音响亮(15分)		
	2.语言表达得体、流利,具有感染力(15分)		

知识巩固

一、判断题

1.当发现乘客长时间逗留在站台时,要主动上前询问情况。　　　　　(　　)

2.当乘客企图冲上正在关门动作中的列车时,需要立即拉住乘客,防止乘客被夹伤。

(　　)

3.当乘客在站台上吸烟时,要及时制止并处以相应的罚款。　　　　　(　　)

4.在列车进站时,站台岗站务员一般会靠近紧急停车按钮站立,以便发生危险时能及时按下按钮。　　　　　　　　　　　　　　　　　　　　　　　　(　　)

5.站台候车及乘降服务的主要内容包括监票服务和保证站台乘客安全。(　　)

二、简答题

列举站台候车和乘降服务的主要内容。

三、分析题

假如你是一名地铁站务员,在车站站台发现有乘客正在吸烟,你提醒之后,乘客仍然继续吸烟,你应当如何处理?

任务五　进出站、换乘引导服务

任务目标

知识目标
1. 掌握车站导向标志设置的原则和要求。
2. 掌握车站导向标志的运用及维护。
3. 掌握问询引导服务的基本要求和技巧。
4. 掌握首问责任制的内涵。

能力目标
1. 能够发现导向标志存在的问题，并进行解决和改善。
2. 能够使用规范用语和形体姿势进行问询引导服务。

素质目标
1. 培养发现问题、解决问题的能力。
2. 树立以乘客为中心的服务理念，培养良好的服务意识。

任务引入

市民郭先生向记者反映，本市部分地铁站内的地面街区图存在信息不准确的情况，有些道路、公交站点的信息与实际情况差别较大，给市民和外地游客出行带来不便，希望有关部门能够及时纠正和完善。

8月3日上午，记者走访了本市地铁1号线部分站点。10:39，记者在西北角站内看到，地面街区图中将"文昌宫民族小学"错写成"文昌宫回民小学"；街区图上的"天津铃铛阁中学"，其实已更名为"天津华夏美高"；西马路上，位于北城街与西马路交口北侧的公交西北角站，被标在南侧。

10:45，记者在西南角站内的街区图上看到，东方商业大厦附近的"服装街"被错标成"南开二纬路"，而真正的南开二纬路应位于该处再向南行400m左右。

10:55，记者在海光寺站内的街区图上看到，位于地铁站C出口附近的公交今晚报大厦站，被错标在A出口附近；南京路上，经济联合中心大厦附近的公交海光寺站，错写成公交南京路站。

11:10，记者在下瓦房站内的街区图上看到，位于地铁站D出口附近的恒华公寓和云景大厦，其实际位置与图标正好相反。

市民赵先生：地铁站周边路况复杂，地面街区图是乘客最重要的"向导"。如果"向导"不能准确传递周边交通信息，会让乘客走更多的冤枉路。

市民梁女士:"地铁站内的地面街区图上信息有误的情况不少,有些街区图是根据2010年版天津市交通旅游图绘制而成的。可如今天津的变化很大,街区图上的信息应该与时俱进。"

市民吴女士:"我是一名外地人,刚来这儿时就曾被地铁站内街区图的信息误导而走错路。"

思考:错误的导向信息除了给乘客带来不便,还有哪些不良影响?

(摘自北方网,2014年8月7日)

📖 知识准备

快速换乘、快速出入站不仅是工作人员组织乘客的基本要求,也是所有乘客的自身需求。由于地铁内的线路复杂,地铁一方面要安排工作人员进行宣传引导,另一方面也需要按照要求设置清晰明确的导向标志。

一　导向标志引导服务

城市轨道交通车站的标志可以分为安全标志、导向标志、位置标志、综合信息标志和无障碍标志。车站里各种标志的设置为乘客提供了必要的导向、提示和警示服务,保障了乘客安全、快速、便捷地乘车,尤其是导向标志的设置,在进出站、换乘引导服务中发挥着越来越重要的作用。

1. 导向标志布点设置的原则

导向标志设置规划中要遵循直接、简单、连续,由大到小、由表及里、由近及远、由多到少的基本原则。

(1)直接

一目了然,信息完整易懂,方位表示准确明显;从入口到达目的地的距离,越短越好;客流流线改变方向(180°或90°)的次数越少越好。

(2)简单

客流流线方向的选择尽量不犹豫,指引移动的标识越少越好。此外,尽量减少客流流线之间的交叉点,以消除移动干扰。

(3)连续

保持各客流流线的平衡连续,客流流线必须连续,保持专用路径不要被其他非活动区所隔断,在联合开发场地需要特别注意。此外,在客流流线各环节间的通行容量,应保持连续一致,避免形成导向信息断链。

(4)由大到小、由表及里、由近及远、由多到少

标志牌做到物尽其用,避免造成不必要的浪费。

2. 导向标志的设置要求

①标志的设置不得侵入相关限界,不得影响乘客正常通行和紧急疏散。

②标志应设置在醒目、不被其他物体遮挡的位置。

③标志不应与广告等其他图形、文字混设。

④重要的导向标志应设置在乘客通行区域各个空间转换点的中线位置,并与客流流向垂直。

⑤除盲人标志外,标志的设置高度应由成人的平均视高、乘坐轮椅行动不便者的平均视高、观察角、观察距离、建筑结构、列车车窗高度等因素决定。

3. 车站导向标志设置举例

（1）站外导向标志

站外导向标志在城市轨道交通车站周边500m左右范围内的公交车站、商业设施、交叉路口等人流密集的地点连续设置。站外导向标志（图3-15）信息内容应包括箭头和城市轨道交通位置标志,可包括距车站的距离等信息。

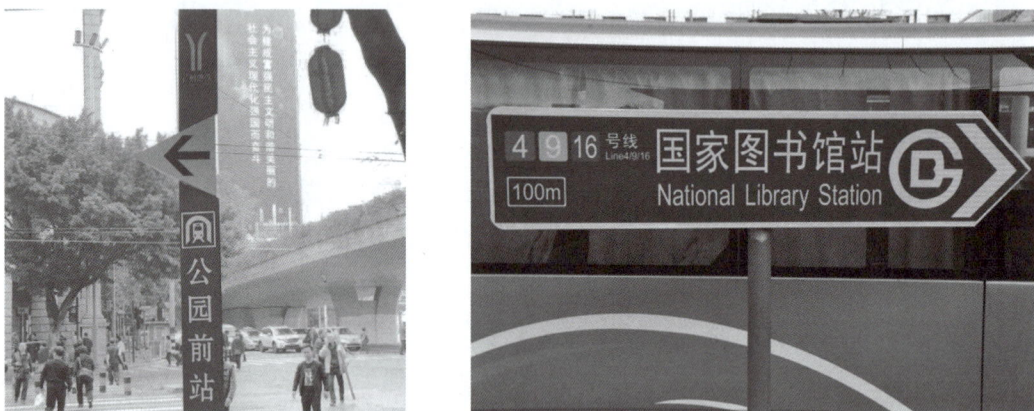

图3-15　站外导向标志

（2）乘车、换乘导向标志（图3-16）

乘车导向标志应设置在车站出入口、通道、站厅等通往站台通行区域的相应位置。换乘导向标志应设置在换乘站台通往目的站台通行区域的相应位置。当通行区域行程大于30m时,宜重复设置。

图3-16　乘车、换乘导向标志

（3）客运服务设施导向标志（图3-17）

客运服务设施主要包括自动售票机、自动查询机、自动充值机、乘客服务中心、自动扶梯、自动人行道、楼梯、无障碍电梯等设施设备,其导向标志应设置在乘客通往该设施设备的通行区域的相应位置。自动扶梯、自动人行道、楼梯、升降梯导向标志可与乘车、换乘、出站导向标志组合设置。

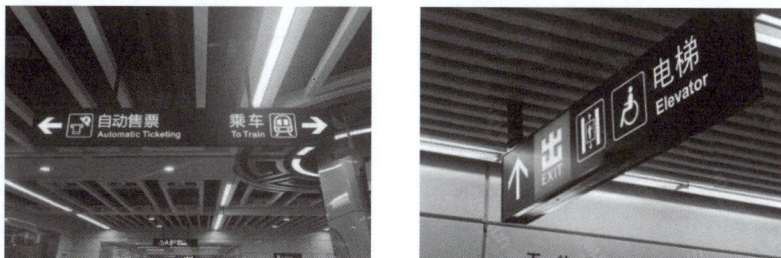

图 3-17　客运服务设施导向标志

（4）站台导向标志

站台导向标志（图 3-18）应设置在乘客通往站台的通行区域的相应位置。站台导向标志信息内容应包括箭头、列车行进方向的文字注释、线路名称及线路标志色。

图 3-18　站台导向标志

（5）列车运行方向导向标志

列车运行方向导向标志（图 3-19）应根据站台形式和结构设置在站台的侧墙、立柱、站台门或站台边缘上方等位置。站台上用于列车内乘客视读的列车运行方向导向标志设置的位置应使乘客能够透过车窗视读。

图 3-19　列车运行方向导向标志

（6）出站导向标志

出站导向标志（图 3-20）应设置在站台通往出入口的通行区域的相应位置。当通行区域行程大于 30m 时，可重复设置。出站导向标志应包括箭头、出入口编号、车站周边信息等。

图 3-20　出站导向标志

（7）公共服务设施导向标志

卫生间、信息查询机、警务室等导向标志（图 3-21）应设置在乘客通往该设施的通行区域的相应位置。

图 3-21　公共服务设施导向标志

（8）车站周边导向标志

车站周边导向标志主要包括周边地理信息、方位等信息内容。出口位置标志是常见的车站周边导向标志，如图 3-22 所示。

图 3-22　出口位置标志

4.车站导向标志运用与维护要求

车站工作人员应利用站内导向标志,正确引导乘客、保障车站客运组织秩序。车站导向标志应简洁、连续、完整、标准、美观。车站应每日对车站全部客运标志状态进行巡视检查,巡视内容包括标志外观、状态等。对于标志损坏应立即进行报修,如有必要,立即设置临时标志。具体要求如下:

①确认本站各出入口的地面导向标志指引是否清晰、正确,是否能正确地指引乘客找到地铁进站口,若地面导向标志损坏,指示错误或不明晰,应及时上报并设置临时标志。

②确认出入口公告栏信息(时刻表等)、地下导向标志的指引是否正确,若有误,应及时上报并设置临时标志。

③确保标志的设置不得侵入相关限界,不得影响乘客正常通行和紧急疏散。

④确保标志不与广告等其他图形、文字混设,不被其他物体遮挡。

⑤确保各种悬挂设施牢固稳定、完整,非悬挂设施完整无缺,没有伤及乘客的风险。

二　人工引导

1.首问责任制

城市轨道交通服务人员回答乘客问询时需要执行首问责任制。首问责任制是指最先受理乘客问询和投诉的个人或单位为负责人,负责解答乘客问询和投诉,直至满意。当然,如果乘客问的问题无法解决,可以请求同事帮助或者找其他同事解决。

在车站里,工作人员需要熟记地铁线路、车站周边换乘信息等,准确提供问询服务,提升服务质量。

2.引导技巧

有的乘客在候车时,往往是到了站台站在指示牌前,也会焦急地问站务员:"请问到××坐哪个方向的车?""请问到××从哪个出口出站?"作为站务员,一定不能表现得不耐烦,而应该耐心地详细解答。具体细节如下:

①用手掌指示方向。比较标准的引导手势是:手掌伸平,五指自然收拢,掌心向上,小臂稍向前伸,指向乘客要去的方向,不要伸出一个手指头指指点点。

②解答时使用敬语:"您可以往××方向走。"

③乘客表示感谢时应礼貌回答"不用谢"或"这是我们应该做的"。

④如果乘客提出的问题,站务员无法给出确切的答案,需要向乘客解释,提示乘客需要到附近再核查一下。不要直接回答"不知道",也不要回答一些误导性或错误信息给乘客。

⑤通道引导:工作人员在乘客两三步之前,走在乘客的左侧。

⑥楼梯引导:引导乘客上楼时,应让乘客走在前面;若是下楼,则是工作人员走在前面,乘客在后面,上下楼梯时应注意乘客的安全。

⑦电梯引导:引导乘客进入电梯时,工作人员先进入电梯,等乘客进入后关闭电梯门,到达时按"开"按钮,打开电梯门,让乘客先走出电梯。

练一练

在站务员的日常工作中,很多情况下都需要为乘客指路(图3-23),为乘客指示方向时应注意以下几点:

(1)手臂要从腰边顺上来,五指并拢,打手势时切忌五指张开或表现出无力感。

(2)手臂伸直,略向上倾斜。

(3)视线随之过去,很明确地告诉乘客正确的方位。

(4)待乘客离去后,再将手臂收回。

图3-23　问询引导服务

任务实施

车站导向标志调研

任务描述:选取任一地铁车站,以乘客身份体验乘车服务全过程,然后完成"某车站导向标志调研"。

任务要求:

(1)3~5人一组,以小组为单位进行车站导向标志调研。

(2)以乘客的身份进站乘车,从乘客的视角体验车站导向标志设置得是否合理,注意拍摄进出站、换乘导向及引导的全部标志。

(3)PPT中需要有进出站、换乘导向的视频呈现。

(4)调研主要关注导向标志是否清晰、正确,是否有连续性,是否被遮挡等问题,并给出改善方案。

任务评价

小组互评和老师评价相结合,评价表见表3-14。

导向标志调研评价表　　　　　　　　　　　表 3-14

评分项目	评价标准	得　分	备　注
视频制作 (30分)	1.视频播放流畅,运行稳定(5分)		
	2.PPT采用了文字、图片、视频、图表等多种表达方式(10分)		
	3.整体界面美观,布局合理,字体清晰、大小合理、层次分明(10分)		
	4.结构合理、逻辑顺畅,表达恰当,整体风格统一协调(5分)		
调研内容和结果 (40分)	1.调研车站导向标志记录完整(15分)		
	2.导向标志的连续性分析正确(10分)		
	3.导向标志存在的问题分析合理且给出的改善方案有效(15分)		
PPT演讲 (30分)	1.声音响亮(10分)		
	2.语言表达得体、流利,具有感染力(10分)		
	3.反应灵活,能回答别的小组的提问(10分)		

知识巩固

一、不定项选择题

1.地铁站务员在为乘客引导带路时一般应行进在乘客的哪个方向合适(　　)。

　A.正前方　　　　　B.左前方　　　　　C.右前方　　　　　D.后方

2.关于首问责任制,下列说法正确的是(　　)。

　A.城市轨道交通服务人员回答乘客问询时需要执行首问责任制

　B.首问责任制是指最先受理乘客问询和投诉的个人或单位为负责人,其负责解答乘客问询和投诉,直至满意

　C.首问责任制是指在解答乘客问询时需要亲力亲为,不得请求同事帮助或者让乘客找其他同事解决

　D.以上说法都不对

3.下列说法正确的有(　　)。

　A.给乘客指路时必须使用右手,因为在某些国家左手为不洁之手,使用左手很不礼貌

　B.给乘客指路时,应该使用手掌而不是手指

　C.引导乘客时,一般五指略微分开,掌心向上

　D.引导乘客时,必须保持标准站姿

二、简答题

1.导向标志设置的基本原则是什么?

2.导向标志运用和维护的要求是什么?

任务六　车站广播服务

任务目标

知识目标

1. 掌握广播的种类和使用方法。
2. 掌握车站广播五要素。
3. 掌握广播设备的使用要求。

能力目标

1. 能够按照人工广播的要求进行现场广播。
2. 能够正确地使用广播设备进行语音广播。

素质目标

1. 树立以乘客为中心的服务理念,培养良好的服务意识。
2. 培养良好的语言表达能力。

任务引入

近日,有网友通过人民网领导留言板向北京市领导反映,北京地铁在广播时会出现站名不带"站"字,也会出现站名带"站"字,这样容易造成歧义。在地铁站内及地铁车厢内广播站名本就是地铁站的站名,没必要在站名后加个"站"字,应前后一致统一去掉站名后"站"字,避免火车站名的地铁站与普通地名地铁站混淆,如双桥与双桥站、清河与清河站、昌平与昌平站等其他类似站名。

北京地铁运营有限公司回复称:经核实,北京地铁广播中,当一句广播词中前面出现了车站的概念,后面的"站"字可取消,如"下一站,××(站)"中括号中"站"字可取消,但是,当广播词中前面没有出现车站的概念,如"列车即将到达××站",这个"站"字则不能取消。

(摘自澎湃新闻,2021年8月21日)

讨论:城市轨道交通广播的内容需不需要听取市民的意见?为什么?

知识准备

一　车站广播系统

车站广播系统是城市轨道交通通信系统中的一个专用子系统,在城市轨道交通行车组织、客运服务、防灾救险、设备维护等方面具有十分重要的作用。平时在城市轨道交通车站的不同区域会播放不同的广播,为乘客售票、检票、进站、候车、乘降、出站、换乘等提供有效的信息和相关注意事项。以某地铁企业为例,车站广播系统组成如图 3-24 所示。

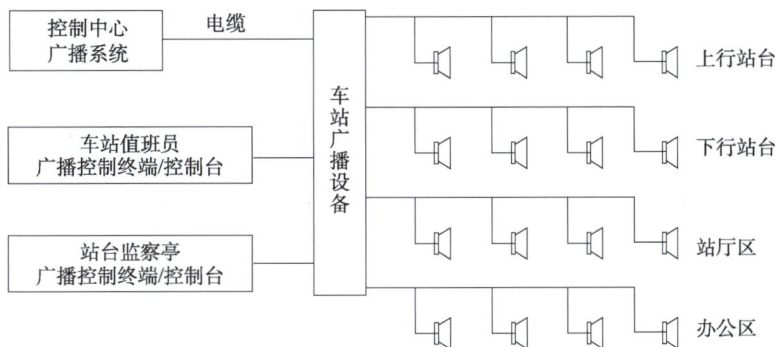

图 3-24 车站广播系统组成

二 语音广播

乘客广播系统是城市轨道交通发布各类信息的重要途径。一般来说,乘客广播可以分为语音广播和人工广播两大类。语音广播是指事先录制好的语音包,然后通过编程等技术手段让语音包在特定时期进行播放。人工广播是指工作人员根据现场情况进行的临时广播。车站广播控制台如图 3-25 所示。

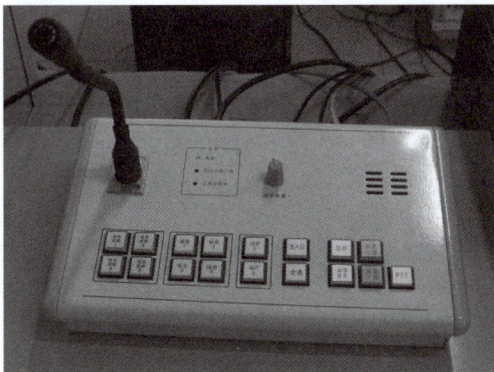

图 3-25 车站广播控制台

语音广播分为自动广播和非正常广播。自动广播是指系统自动进行广播的模式。非正常广播是指在特定时期需要人工选择广播的模式。

在车站广播服务中,站务员应尽量使用语音广播,并注意如下事项:

(1)广播是否清晰准确。

(2)音量大小是否合适。

(3)广播是否适时地重复。

(4)广播是否在适当的地点播出。

🔍 知识链接 --- 口口口口口

语音广播包

1. 正常情况下的语音广播（表3-15）

正常情况下的语音广播   表3-15

广 播 内 容	适用场景	广 播 时 机
乘客您好！由于现在候车乘客较多，请您不要越过黄色安全线，列车进站停稳后，请您让开车门，先下后上，请不要手扶倚靠车门，以免发生危险。带小孩的乘客请照顾好您的小孩	站台乘客乘降	高峰客流集中到达时
乘客您好！开往××方向的列车马上就要进站了，站台候车的乘客请您注意安全，往后站，不要探身瞭望，以免发生危险		适时
乘客您好！由于现在候车乘客较多，请您提前做好准备。列车进站停稳后，请您让开车门，先下后上，上车乘客请您注意列车与站台间的空隙，上不去车的乘客请您等候下次列车		高峰客流集中到达时
乘客您好！现在是乘车高峰时段，请您分散车门上车，注意列车与站台间的空隙，上车后请您尽量往车厢中部走，不要拥堵在车门口。上不去车的乘客，请等候下次列车		列车进站

2. 非正常情况下的语音广播（表3-16）

非正常情况下的语音广播   表3-16

广 播 内 容	适用场景	广 播 时 机
去往××方向的乘客请注意，即将进站的列车在本站通过不停车，请您不要越过黄色安全线，耐心等候下次列车，谢谢合作	本站通过不停车	列车进站前至列车出站
去往××方向的乘客请注意，列车在××站通过不停车，有去往××站的乘客，请您等候下次列车，谢谢合作	前方站通过不停车	进站前至关门
乘客您好！目前地铁运力有限，站台候车乘客较多，请您听从工作人员指挥，放慢进站速度，谢谢合作	限流时	适时
乘客您好！由于地铁车站空间狭小、乘客较多，即时起，请您听从工作人员指挥，分批进站，谢谢合作		
乘客您好！目前地铁运力有限，站台候车乘客较多，请您听从工作人员指挥，暂时只出不进，谢谢合作		

口口口口口口 --

三　人工广播

人工广播是由工作人员根据现场发生的情况进行的临时广播，一般在应急或特殊情况

下采用。应注意以下事项:

(1)先提醒乘客注意:"乘客请注意……"

(2)用简洁的语言告知乘客发生的具体事件。

(3)对给乘客带来的不便表示歉意。

(4)对乘客的配合表示感谢。

(5)语速适中,口齿清楚,语调柔和。

任务实施

车站人工广播训练

请根据下列情境进行车站人工广播,要求语速适中、流畅。

情境1:因为发生人员跳下站台的事故,开往西直门站方向列车暂时停止运营。

情境2:因客流较大,天安门西站通过不停车。

情境3:接到上级通知,车站受到恐吓,要求本站疏散乘客并关站。

情境4:列车因为故障,需要在动物园站进行清客回库。

情境5:站务员在值岗时接到通知,因供电系统故障,预计开往西直门站方向的列车10分钟以后才能到达本站。

任务评价

1.每个情境随机选取3位同学进行车站人工广播PK赛。

2.其余同学进行评价,评分表如表3-17所示。

人工广播评价表　　　　　　　　　　表3-17

评价项目	评价标准	得　　分	备　　注
广播内容 (60分)	1.包含广播五要素,每个要素5分(25分)		
	2.事件描述清晰,没有歧义(15分)		
	3.广播语言简洁、流畅(10分)		
	4.广播语言规范合理,不使用带有感情色彩的词语(10分)		
现场广播 (40分)	1.声音响亮、吐字清楚(10分)		
	2.语言表达得体、流利(10分)		
	3.现场广播语速适中(10分)		
	4.广播设备使用正确(10分)		

知识巩固

一、选择题

1.下列关于车站广播描述正确的是（　　）。

 A.站务员应该尽量使用人工广播 B.语音广播只在紧急情况下使用

 C.人工广播需告知发生事件的详细情况 D.人工广播时需要先提醒乘客注意

2.车站广播系统可以分为（　　）。

 A.语音广播系统   B.人工广播系统

 C.对乘客的广播系统   D.内部广播系统

二、根据下列情境按照广播五要素的要求写出合适的人工广播词

1.情境1：列车即将进站，车站站台上两个小孩正在倚靠站台门打闹。

2.情境2：因列车运行前方设备侵入限界，需要在本站进行清客，该事故短时间内无法解决，在侵入限界事故解决之前，请乘客换乘其他交通工具。

三、简答题

请简述人工广播五要素。

乘客特殊服务

项目说明

作为城市轨道交通服务人员，每天面对成千上万的乘客，不仅需要提供乘客日常服务，还要及时关注特殊乘客群体，满足老幼病残孕等乘客的特殊需求。除此以外，在乘客遇到一些紧急事件时，服务人员也要积极提供帮助，解决乘客问题，提升乘客满意度。

本项目从两个方面进行阐述：一方面是针对特殊乘客的服务，主要包括轮椅乘客服务、视障乘客服务、聋哑乘客服务；另一方面包括乘客发生紧急情况时，车站提供的应急服务。

项 目
目 标

◎ **知识目标**

1. 掌握轮椅乘客、视障乘客、聋哑乘客的心理特点。

2. 掌握无障碍设施的使用方法和使用规定。

3. 掌握轮椅乘客、视障乘客、聋哑乘客服务的标准流程和注意事项。

4. 掌握乘客物品丢失、乘客物品掉落轨道、乘客走失、乘客突发疾病的处理流程。

5. 掌握心肺复苏、包扎的流程和技术要点。

◎ **能力目标**

1. 能够操作无障碍设施为残疾乘客提供服务。

2. 能够按照车站规定的流程为残疾乘客提供全过程服务。

◎ **素质目标**

1. 培养主动服务意识，尊重乘客，站在乘客角度思考问题。

2. 培养安全责任意识。

3. 培养诚实守信意识，对于乘客隐私做好信息保密。

4. 培养抗压能力，能够冷静面对应急事件。

◎ **建议学时**

18 学时。

任务一 轮椅乘客服务

📖 任务目标

知识目标

1. 掌握轮椅乘客的心理特点。
2. 掌握楼梯升降平台、爬楼机和渡板的使用方法和规定。
3. 掌握轮椅乘客服务的标准流程和注意事项。

能力目标

1. 能够操作楼梯升降平台、爬楼机让轮椅乘客上下楼梯。
2. 能够按照车站规定的流程对轮椅乘客进行全过程服务。

素质目标

1. 培养主动服务意识,尊重乘客,站在乘客角度思考问题。
2. 培养安全责任意识。

📖 任务引入

地铁站的无障碍服务,地铁站的温暖

　　我是一名脊髓损伤患者,日常生活都需要依靠轮椅完成。从 2007 年开始长期居住在北京,这些年由于担心地铁无障碍设施不完善,出行一直都没尝试过地铁。今年开始,周围的病友越来越多地选择乘坐地铁出门,我也跃跃欲试。2014 年 5 月 13 日,我和其他两名轮椅使用者在没有陪同的情况下一起乘坐了地铁,真切地体会到了地铁的温暖。

　　我们错开了客流高峰期,一共体验了地铁 1 号线、4 号线、5 号线、9 号线、10 号线,包括西单站、军事博物馆站、陶然亭站、宣武门站等 8 个站。有些地方让我印象特别深刻,首先,地铁里的无障碍卫生间就给了我很大的惊喜。作为一名轮椅使用者,因害怕找不到无障碍卫生间,平时出门都不敢多喝水,所以体验当天我也做好了不喝水的准备。但是,看了地铁里的无障碍卫生间后,我觉得这种担心是多余的,整个卫生间不仅空间足够大,适合轮椅的旋转,而且还在坐便器以及洗手台周围安装了扶手,最主要的是非常的干净。其次,人性化的设计。每个站台上都有无障碍设施标志,只要在有标志的地方上车,车厢内就有放轮椅的空间和固定轮椅的装置,这些细节的处理都让我们感觉到非常人性化。最后也是最主要的,无论是进出站还是换乘,轮椅使用者通过使用各种无障碍设施,在车站工作人员的协助下,

都能实现全程无障碍通行。这一点对于我们轮椅使用者来说非常方便，也增加了我们选择地铁出行的信心。

除了硬件无障碍设施以外，北京地铁工作人员的细心服务，也让我们感动。我们所经过的大多数车站，都会有工作人员主动询问我们去哪里，然后协助我们上车或出站。特别值得一提的是，当我们乘坐地铁离开本站时，此站的工作人员就会通知下一站的工作人员；到达目的地时，工作人员早已面带微笑地迎候在车厢外，帮助我们下车和出站。一路下来，我们使用的无障碍设施包括无障碍检票通道、轮椅升降平台、直梯、扶梯、无障碍卫生间、便携式坡道，我们享受到了工作人员全程贴心服务。总体来说，从无障碍设施的硬件到人员服务的软件，都让人感觉到很安全、很贴心。于是，我迫不及待地把我们真实经历告诉大家，希望更多像我一样的残疾朋友能走出家门，放心选用地铁出行，让自己的生活变得更加丰富多彩。

——摘编自中国残疾人网

思考：

1. 我国有 8500 多万残障人❶，但是我们在地铁内很少看见残疾乘客，原因是什么？
2. 现阶段，地铁车站面对轮椅乘客设置的无障碍服务设施有哪些？

📖 知识准备

社会在不断发展进步，人们的出行越来越方便，公交、地铁、商务班车、共享单车……选择越来越多，可是我们走在街头，却很少看见残疾人的身影。在十年前，对于残疾乘客来说，像正常人一样出行是奢侈的心愿，但是随着我国公共交通无障碍设施的不断完善，有越来越多的残疾人出行需求得到了满足，地铁也会迎来越来越多的残疾乘客，而轮椅乘客作为残疾乘客的重要组成部分，如何更好地为轮椅乘客提供服务也成为乘客特殊服务的重要内容。

一　轮椅乘客的特点及服务要求

轮椅乘客是指出行需要轮椅帮助的乘客，可以分为两类：一类是因为受伤等原因暂时需要轮椅辅助的乘客，另一类是长期需要轮椅出行的乘客。

（1）轮椅乘客的特点：对于长期需要轮椅出行的乘客来说，因为活动场所较少，交流对象有限，久而久之可能产生孤独感；再加上本身生理上的缺陷可能会在学习、生活和就业方面遇到诸多的困难，得不到足够的支持和帮助，甚至遭受歧视，这就造成部分轮椅乘客会存在一些自卑感。因此，长期需要轮椅出行的乘客大多会表现出孤独感与渴望交往并存、自尊与自卑心理并存的矛盾人格。

（2）轮椅乘客服务要求：每一位轮椅乘客都是独立个体，作为工作人员一定要包容、理解和尊重他们，对于部分有独立出行能力和意愿的乘客，在提供帮助前应先征得其同意，根据个体要求提供相应的协助，当乘客提出不需要帮助时，我们不要强行帮助，可以陪伴在适合的位置，保持一定距离随行。总之，作为工作人员，应将他们视作正常人，避免使用同情的语气，尊重他们，给予必要的帮助，协助他们展示自己最好的状态。

---

❶ 数据来自国务院《"十四五"残疾人保障和发展规划》。

二　轮椅乘客预约服务及招援服务

1. 预约服务

轮椅乘客预约服务有电话预约、网站预约和 App 预约三种方式。

电话预约是指拨打当地地铁服务热线电话或车站电话,预约无障碍服务,电话预约需提前半小时,提供乘车时间、进站及出站车站、随行人数等信息即可完成预约。当预约电话响起时,工作人员应及时应答,一般在电话铃响 3 声内接起,主动问询乘客,了解乘客的乘车时间、进站口、有无陪同人员、具体需求等,并做好记录。

网站预约是指在网站上进行无障碍服务预约,预约网站以当地地铁运营企业公布为准。网站预约成功的乘客只需在预约时间到达出入口,就会有地铁工作人员在指定地点等候。

App 预约是指通过手机上的 App 进行无障碍服务预约。手机 App 以当地地铁企业公布为准。预约成功后,工作人员会准时到达指定地点,为乘客提供服务。

不管哪种预约方式,只要预约成功,都会有工作人员准时到达指定地点,为乘客搭建人性化"无障碍"出行通道。

> **小贴士**
>
> 不是所有的轮椅乘客都会提前预约服务,在车站里,当我们发现有轮椅乘客或其他特殊乘客时,都应该主动上前询问是否需要帮助。

> **想一想**
>
> 车站电话会公布在哪些地方呢?

2. 招援服务

招援服务是指通过车站出入口或站内呼叫设备直接联系工作人员进行协助的服务方式。工作人员需要在呼叫设备鸣响 5 秒内及时接听应答,主动问询。接到招援请求后,工作人员应携带相应设备钥匙在 5 分钟之内到达指定地点,见到乘客后应主动和乘客问好,问清乘客的目的车站,引领帮助乘客到达相应的设备设施。

当呼叫设备或电话响起时,应留下乘客有效联系方式。

> **想一想**
>
> 在城市轨道交通车站,招援按钮一般会设置在哪些设备设施上呢?

三　轮椅乘客进站服务

轮椅乘客进站服务包括出入口至站厅引导服务、安检服务、售票服务和检票服务。具体服务要求见表 4-1。乘客进入站厅的无障碍设施主要有直梯、楼梯升降平台、爬楼机。

轮椅乘客进站服务要求 表 4-1

轮椅乘客进站服务流程	服 务 要 求
1. 出入口至站厅引导服务 	（1）乘客需要引导服务时，车站工作人员应在指定时间到达乘客预约进站口将乘客引导护送到站厅 （2）如果乘客是通过现场招援设备求助，工作人员应在 5 分钟之内到达现场提供引导服务 （3）乘客进入站厅的无障碍设施主要有直梯、楼梯升降平台、爬楼机。具体引导护送流程见表 4-2、表 4-3 和表 4-4
2. 安检服务 	（1）轮椅乘客进行安检服务时，对轮椅采用探摸和直观检查相结合的方法，对随身携带物品使用 X 射线安检机检查 （2）视乘客需求帮助乘客把行李放到安检设备上进行安检，主动询问义肢内是否有金属物 （3）安检过程中如果发现义肢内有可疑物需要进一步安检，则需要引导乘客去专门房间 （4）进行安检时，尽可能由同性别的工作人员完成，尽量减少琐碎不便的环节，给予乘客足够的尊重
3. 售票服务 	（1）询问乘客是否需要购票以及购票方式 （2）如果乘客需要人工购票，引导乘客去无障碍购票窗口，视乘客需求提供协助 （3）如果乘客需要自助购票，引导乘客去自助售票机进行操作，视乘客需求提供协助
4. 检票进站服务 	（1）引导轮椅乘客从宽闸机刷卡进站 （2）如果车站内没有宽闸机，引导乘客从绿色通道进站

（1）直梯引导护送乘客流程（表 4-2）

直梯引导护送乘客流程 表 4-2

直梯引导护送乘客流程	服 务 要 求
1. 进入直梯 	（1）一位工作人员先进入直梯，按下直梯开门按钮，用手扶住电梯门 （2）另一名工作人员需要将乘客平稳地推入电梯轿厢，提示乘客"请您坐稳，扶好" （3）注意推轮椅时要双手用力均匀，步履平直平稳

续上表

直梯引导护送乘客流程	服 务 要 求
2. 出直梯 	（1）当电梯到达目的层时，一名工作人员负责按下直梯开门按钮，用手扶住电梯门，另一名工作人员将乘客平稳地推出电梯轿厢，提示乘客"请您坐好，扶稳" （2）当多名乘客需要使用直梯时，应注意轮椅位置，不妨碍其他乘客通行

（2）楼梯自动升降平台引导护送乘客

楼梯升降平台也是轮椅乘客到达站厅层的重要方式之一，由地铁工作人员操作，在平台附近会设置对讲和招援按钮，方便乘客直接联系工作人员，具体操作流程见表4-3。

自动升降平台引导护送乘客流程　　　　　　　　　　　　　表4-3

自动升降平台引导护送乘客流程	服 务 要 求
1. 打开电源 	（1）提示乘客稍做等待："您好，请您稍等！" （2）打开楼梯升降平台配电箱电源，绿色电源指示灯点亮 （3）控制升降平台到乘客指定位置
2. 打开平台并将轮椅推至平台 	（1）利用控制器将楼梯升降平台展开 （2）扶手栏杆自动升起，踏板自动展开 （3）将乘客轮椅推放至楼梯升降平台轮椅平台中心位置，乘客始终面向运行方向，确定乘客轮椅已制动，电动轮椅电源已关闭
3. 操作平台运行 	（1）提示乘客："请您坐稳扶好！" （2）按动控制器，实现平台向上或向下运行 （3）在运行过程中，需要提示过往乘客避开升降平台轨道，尤其关注儿童乘客

续上表

自动升降平台引导护送乘客流程	服务要求
4.将轮椅推下平台，并折叠平台	（1）楼梯升降平台运行到目的位置后，使用控制器升起扶手栏杆 （2）视乘客需求将轮椅推下楼梯升降平台 （3）使用完毕，将楼梯升降平台重新折叠好

（3）爬楼机引导护送乘客

爬楼机（图4-1）是供使用轮椅且需要上下楼梯的乘客使用的，其形似轮椅，电瓶提供动力，工作人员只要按下椅背开关，椅子下的"宽履带"就能平稳地顺着台阶上下运动，爬楼机一次只供一位乘坐轮椅的乘客使用。具体流程见表4-4。

图4-1　爬楼机

爬楼机引导护送乘客流程　　　　　　　　　　　　　　表4-4

爬楼机引导护送乘客流程	爬楼机引导护送乘客流程
（1）使用前应确认电量符合要求，开启爬楼机，将其运行至乘客所在位置	（2）将轮椅乘客平稳推送至爬楼机，设置好轮椅制动，并用轮椅固定安全带将轮椅固定在爬楼机平台上，协助乘客系上安全带，防止发生危险。轮椅固定安全带共4条，2前2后。4条固定安全带应全都使用，钩在轮椅车架稳固横杆处（不应钩在轮椅活动部件上）并拉紧固定好轮椅

爬楼机引导护送乘客流程	爬楼机引导护送乘客流程
（3）上下梯过程中，操作员及乘客应始终面向楼梯下方。操作员向上运行时，应注意身后区域，爬楼机运行过程中操作员双手不应离开把手，并提醒其他乘客避让	（4）当到达目的位置后，协助乘客解开安全带和轮椅安全带，将轮椅平稳推离爬楼机

四　轮椅乘客乘降服务

1.协助上车服务

工作人员须引导乘客至站台划定的无障碍候车区域，疏导其他乘客到相邻车门排队候车，使用渡板（图4-2）让乘客安全上下车；上车时，要将乘客护送至车厢内无障碍专用位置，确认轮椅已经制动或与列车上专用挂钩固定，并提醒乘客坐稳扶好，告知乘客目的站会有站务人员迎送，和乘客礼貌道别，然后通知目的车站或换乘车站的工作人员该乘客所乘车次、车号、发车时间、所在车门位置、行车路线等信息，目的站应做好准备工作。

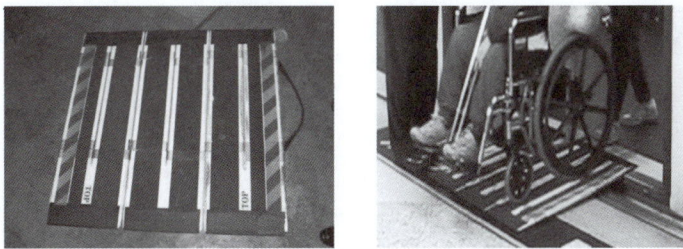

图4-2　渡板

💻 **小贴士**

在为残疾乘客提供服务时，需要先征得乘客的同意，在与其进行交流的过程中，不要总盯着乘客残疾部位。

2.协助下车服务

接到通知后，服务人员立即携带渡板到达指定车厢停靠位置迎候，疏导其他候车乘客到相邻车门排队候车，待列车进站停车后，服务人员进入车厢主动向乘客问好，另一名服务人员迅速摆放渡板，协助乘客下车后，及时收回渡板。

五　轮椅乘客换乘服务

乘客换乘服务是指引导轮椅乘客至换乘站台并协助乘客上车的服务。工作人员在接到通知后，需携带渡板到站台指定位置等候，协助乘客下车，并引导乘客去换乘站台划定的无障碍候车区域进行候车，并视乘客需求协助乘客上车，如图4-3所示。

六　轮椅乘客出站引导服务

当乘客下车后，使用无障碍设备将乘客护送到站厅层，引导乘客从宽闸机或绿色通道出站（图4-4）。

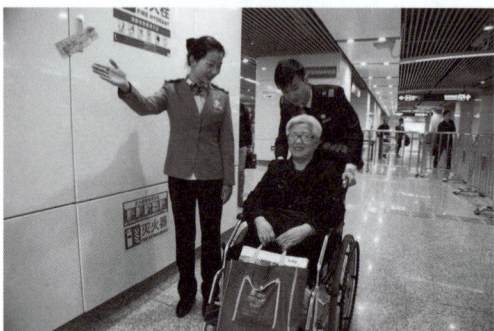

图4-3　引导乘客去换乘站台

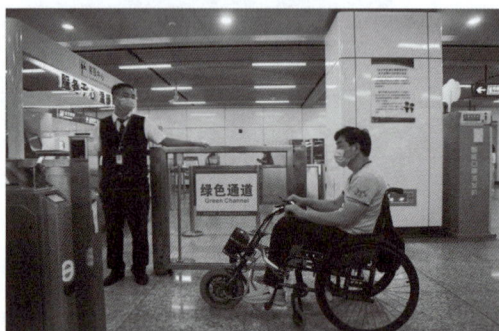

图4-4　站务员引导乘客从绿色通道出站

七　轮椅乘客服务的注意事项

轮椅乘客大多是肢体残疾乘客，肢体的不完整会导致其行动不便，甚至行动怪异，面对这样的服务对象，不能嘲笑他们因残疾而造成的非常态的举止行为。具体注意事项如下：

（1）接待乘客时要用正常眼光看待乘客，不要显露出恐惧、惊讶的表情，不要把目光长时间停留在乘客的残疾部位，更不能做出指指点点的动作；

（2）与轮椅乘客交谈时，若预计对话时间超过一分钟，应采用蹲姿与乘客交谈，尽量保持视线与他等高，不要拍轮椅或使用者的肩膀，更不要靠在轮椅上；

（3）服务乘客时，应正确引导乘客走最短最安全的路线，并加以指引解释，未征得同意不得碰乘客的生活用具（义肢、拐杖等）。

📖 任务实施

轮椅乘客服务演练

任务描述：分组完成桌面演练报告，并拍摄桌面演练视频上交。

任务要求：

桌面演练报告格式如表4-5所示，具体要求如下：

(1)要求 3~5 人一组,工作人员安排须按照地铁实际岗位设置;

(2)小组内需要有一人负责旁白;

(3)桌面演练视频不得分片段提交,须提交一个完整的文件,必要时可在视频上编辑字幕。

轮椅乘客服务桌面演练报告　　　　　　　　　　表 4-5

演练情境描述		2021 年 8 月 3 日,北京地铁 1 号线苹果园车站接到轮椅乘客(乘客除行动不便以外,没有其他肢体残疾)的招援电话,乘客现在从车站 A 口进站,到 4 号线的动物园站下车,请完成该乘客无障碍服务的桌面演练报告。要求:先调研相应车站的无障碍设施情况,设计最优路线,完成此次服务
演练人员安排		……
演练时间及地点		……
演练步骤	1.轮椅乘客预约及招援服务	[例]招援电话响: 工作人员 A:"您好,请问需要什么帮助?"…… 轮椅乘客:…… 工作人员 A:"请您在原地等待,我们会尽快安排工作人员为您服务。" 工作人员 A(使用对讲机):"呼叫苹果园站站务员 02,请回话。" 苹果园站站务员 02:"收到,请回话。" 工作人员 A:"车站 A 口有轮椅乘客需要进站,请立即前往协助。" 苹果园站站务员 02:"收到,通话完毕。"
	2.轮椅乘客进站服务	……
	3.轮椅乘客乘降	……
	4.轮椅乘客换乘服务	……
	5.轮椅乘客出站服务	……

任务评价

轮椅乘客服务桌面演练的评分表见表 4-6。

轮椅乘客服务演练评分表　　　　　　　　　　表 4-6

考核项目	考核要求	得　　分	备　　注
演练报告 (20 分)	1.演练报告内容完整(10 分) 2.流程符合企业要求(10 分)		
视频拍摄效果 (10 分)	1.画面清晰,镜头剪辑切换自然(5 分) 2.声音清楚,没有杂音(5 分)		
招援及预约服务 (15 分)	1.招援通话采用标准服务用语,对讲机通话符合对讲机通信基本原则(5 分) 2.乘客信息了解完整,位置描述清楚(10 分)		

续上表

考 核 项 目	考 核 要 求	得　　分	备　　注
进站服务 (25分)	1.乘客进站引导使用的无障碍设施正确,流程正确(10分) 2.协助乘客安检、售票和进站服务流程正确,服务用语标准(10分) 3.通知换乘车站工作人员信息完整,通话过程符合标准(5分)		
乘客乘降服务 (10分)	1.渡板使用正确,上车服务引导快速(5分) 2.告知乘客换乘车站相关信息完整,且通话过程正确(5分)		
乘客换乘服务 (10分)	1.等待乘客的位置正确,携带工具正确(5分) 2.能够使用标准服务用语,且引导的路线最优(5分)		
出站服务 (10分)	1.乘客出站引导使用的无障碍设施正确,流程正确(5分) 2.和乘客道别(5分)		

知识巩固 □

一、不定项选择题

1.下列关于轮椅乘客的特点,说法正确的有(　　　)。

A.轮椅乘客因为活动场所较少,交流对象有限,大部分会存在一定的孤独感

B.长期需要轮椅出行的乘客大多会表现出自尊与自卑心理并存的矛盾人格

C.在为轮椅乘客提供帮助前应先征得其同意

D.作为工作人员,为轮椅乘客提供服务时应将他们视作正常人,避免使用同情的语气

2.当帮助坐轮椅的乘客进站、搭乘垂直电梯时(　　　)。

A.进电梯时,应该由站务人员双手挡住电梯门,让坐轮椅的乘客先进电梯

B.进电梯时,应该站务人员先进电梯,按下开门按钮,等待坐轮椅的乘客进入电梯

C.出电梯时,站务人员先出电梯,双手挡住电梯门,让坐轮椅的乘客先出电梯

D.出电梯时,站务人员后出电梯,按住开门按钮,让坐轮椅的乘客先出电梯

3.现阶段,轮椅乘客预约的方式有(　　　)。

A. 意见簿预约　　B. 电话预约　　　　C.网站预约　　　　D. App 预约

二、简答题

1.简述直梯引导轮椅乘客的服务流程。

2.简述楼梯升降平台引导乘客的服务流程。

3.简述爬楼机引导乘客的服务流程。

任务二　视障乘客服务

任务目标

知识目标

1. 掌握视障乘客的心理特点。
2. 掌握视障乘客平地、上下楼梯、上下电梯,以及上下车引导的基本要求。
3. 掌握视障乘客乘车服务的标准流程和注意事项。

能力目标

1. 能够按照视障乘客的引导规范对视障乘客进站、乘降、换乘和出站进行引导。
2. 能够按照地铁的特殊乘客服务要求对视障乘客的乘车提供服务。

素质目标

1. 培养主动服务意识,尊重乘客,站在乘客角度思考问题。
2. 培养安全责任意识。

任务引入

北京:导盲犬可乘地铁

陈女士和她的导盲犬珍妮曾经 11 次被地铁拒绝进站。第 11 次被拒绝进站的时候,珍妮哭了。那天,被拒绝的方式与之前如出一辙。陈女士和她的拉布拉多犬珍妮来到天通苑地铁站,先是被安检人员拦住,一番"唇枪舌剑"之后,站里的领导说要研究汇报一下。珍妮像往常一样趴在地上,和陈女士一起等着汇报的结果。这样的等待,对她和珍妮来说,都已不陌生。

突然,围观的人群中有人说:"快看,黑狗好像流眼泪了。"陈女士赶紧蹲下去摸珍妮的眼睛,"真的湿了"。

陈女士一把将珍妮抱起,哭着说:"妮妮对不起,以后再也不带你来坐地铁了。"

随后,记者了解到陈女士的微博以"导盲犬珍妮"命名,现在已经有了 8 万多粉丝。她基本上每天更新微博,大部分内容都在呼吁让导盲犬进入公共场所。她会介绍,导盲犬没有攻击性,没有咬人记录;她还会告诉大家,导盲犬带视障乘客乘坐出租车不会弄脏车,可以坐在副驾驶的脚垫上,或者由视障乘客准备一次性床单铺在后座上。

陈女士通过网络和媒体呼吁了四年。2014 年 11 月,《北京市轨道交通运营安全条例》经北京市第十四届人民代表大会常务委员会第十五次会议通过,2015 年 5 月 1 日起,视力残障者出示视力残障证件和导盲犬证,可携带导盲犬进站乘车。

"听到这个消息时,我已经麻木了。"一直为之努力的陈女士没有想象中的惊喜。

5月18日,天通苑地铁站,通过安检口时,珍妮想要回头离开。这时,陈女士发出"quickly(快点)"的口令,接下来的一切变得顺利。闻讯赶来的地铁站工作人员引导她进入地铁车厢。在车厢里,珍妮一直趴在陈女士脚边一动不动。没有乘客不满或是害怕。

地铁企业一名负责安全管理的负责人坦言,《北京市轨道交通运营安全条例》开始实施,导盲犬进地铁有了制度上的保障,不过地铁的安全管理方仍有自己的顾虑。"主要是现在地铁的客流太大了,安全压力非常大。"该负责人说,在国内,如何看待导盲犬进入地铁依然存在争议。

"五一"假期,中国导盲犬大连培训基地的办公室王主任没有休息。她说,每天打进办公室的电话有上百个,"基本上是一个挨一个地接电话,都是视力残障者打来电话咨询或是申领导盲犬的"。

王主任介绍:"目前全国约有100只导盲犬,北京有9只。每只导盲犬需要在基地训练一年到一年半,我们会训练导盲犬学习乘坐公交车、出租车、轨道交通等出行方式。""目前全国16个省市有导盲犬,大部分城市是允许导盲犬乘坐各种公共交通工具的",王主任说。

新京报记者发现,已有多地下发相关法规文件,为导盲犬出行开"绿灯"。2015年5月1日起施行的陕西省《无障碍环境建设条例》明确规定,视力残疾人可携带导盲犬乘坐公共交通工具。2021年9月通过的《北京市无障碍环境建设条例》也明确规定,不得拒绝持证导盲犬进入公共场所。

——摘编自新华网

思考:

1.2015年之前,为什么北京地铁工作人员不让导盲犬进入地铁车站?

2.为什么后来出台相应的政策支持视障乘客乘坐地铁?

📖 知识准备

一 视障乘客的心理特点和服务要求

大多数视障乘客因缺少视觉感受而行动不便,平时性格偏文静,情感不外露。同时,视障乘客的视力障碍会导致对自己动态行为的不确定性,但其听觉会显得格外灵敏,因此与视障乘客交流时,语言要有礼貌,动态行为要适当缓慢,不可随意触摸、夺取视障乘客的盲杖等物品。

视障乘客和轮椅乘客一样都有很强的自尊心,并非处处依赖他人,在为视障乘客提供服务时,工作人员应先询问对方是否需要帮助,而且工作人员之间交流时不要窃窃私语或用手势交流,以免让乘客产生猜疑,感到不舒服。

二 视障乘客预约及招援服务

视障乘客和其他特殊乘客一样可以通过电话、网络或者App进行服务预约,当预约成功后,会有工作人员准时到达约定地点,为乘客提供全程服务。除此以外,视障乘客也可以通过无障碍设备的招援按钮呼叫车站工作人员请求帮助。

💻 **小贴士**

　　接受视障乘客预约时需要问清是否携带导盲犬,如果携带导盲犬则需要提醒乘客携带相关证件。

三　视障乘客进站服务

　　视障乘客进站服务包括出入口至站厅引导服务、安检服务、售票服务和监票服务。具体服务要求见表4-7,视障乘客引导要求见表4-8。

视障乘客进站服务要求

表4-7

视障乘客进站服务流程	服 务 要 求
1. 出入口至站厅引导服务 	(1)车站工作人员应在指定时间到达乘客预约进站口 (2)与视力残疾乘客初次接触时,要主动介绍自己:"您好,我是××车站的工作人员。" (3)工作人员要先征得乘客同意,对乘客进行进站引导,具体引导要求见表4-8
2. 安检服务 	(1)协助视障乘客将行李放置在安检机器上,使用X射线安检机对其随身携带物品(盲杖除外)进行检查 (2)安检结束后,需将X射线安检机扫描的随身物品逐一交还乘客,并告知物品的名称、颜色、品牌等信息,帮助其确认自己的物品
3. 售票服务 	(1)引导乘客去人工购票窗口进行换票,视乘客需求,协助乘客换取福利票,换票规则根据当地地铁企业规定 (2)视障乘客可以凭借其残疾人证换取自己和一位陪同人员的福利票
4. 检票进站服务 	(1)视乘客需求,协助乘客刷卡进出付费区。刷完卡后,等闸机扇门打开,提醒乘客进入 (2)视乘客需求帮助提拿行李

视障乘客引导要求 表4-8

引 导 情 境	具 体 要 求
1.引导视障乘客在平地上行走 	（1）在引导视障乘客行走时,要先征得对方的同意 （2）与视障乘客并排而立,用手背轻触乘客手背,引导视障乘客握住自己的肘部或腕部。建议引导者站在左边,视障乘客站在右边
2.引导视障乘客上下楼梯或扶梯 	（1）走到楼梯或电梯口处时,工作人员稍做停顿,语言提示"上(下)楼梯或电梯了" （2）上(下)楼梯或电梯时工作人员先一步上(下)楼梯或电梯,视障乘客则根据手臂的感觉跟随工作人员,晚一级上(下)楼梯或电梯。当到达最后一级台阶时需略加停顿,提醒乘客还有一级台阶就到平地了,等乘客上(下)完最后一级台阶站稳后,再带领其行进。切忌在视障乘客身后采取推行的方式
3.引导视障乘客过狭窄通道 	（1）当要通过狭窄通道时,为了安全,工作人员需要把视障乘客引导到自己的身后行走 （2）首先需要提醒乘客,工作人员可以把前臂反背到腰部走在视障乘客身前。指引方位时请使用前后左右,不要用这里那里 （3）当道路宽敞后,工作人员放下弯曲的手臂,乘客可恢复原来的行走姿势

四 视障乘客乘降服务

1.协助上车服务（图4-5）

工作人员需引导视障乘客至站台候车区域,疏导其他乘客到相邻车门排队候车,上车时,根据视障乘客需求帮助乘客提拿行李,通过语言对乘客进行提示并为其安排好座位。入座时提醒视障乘客,帮助视障乘客触摸椅子边缘,根据视障乘客需求协助视障乘客坐下,并提醒视障乘客坐稳,告知视障乘客目的站会有站务人员接送,和视障乘客礼貌道别,然后通知目的车站或换乘车站的工作人员该视障乘客所乘车次、车号、发车时间、所在车门位置、换乘路线等信息,目的站应做好准备工作。

2.协助下车服务

接到通知后,服务人员应到达指定车厢停靠位置迎候,疏导其他候车乘客到相邻车门排队候车,待列车进站停车后,服务人员进入车厢主动向视障乘客问好,下车时,通过语言进行提示,协助视障乘客下车。

五　视障乘客换乘服务

工作人员在接到通知后,须到站台指定位置等候,协助视障乘客下车,并引导视障乘客去换乘站台的候车区域进行候车,并协助视障乘客上车。引导视障乘客去换乘站台如图4-6所示。

图4-5　工作人员协助视障乘客上车　　　　图4-6　引导视障乘客去换乘站台

六　视障乘客出站引导服务

当视障乘客下车之后,引导视障乘客刷卡出站,询问视障乘客目的位置,视其需求协助乘客换乘其他交通工具。引导视障乘客出站换乘公交如图4-7所示。

图4-7　引导视障乘客出站换乘公交

七　视障乘客服务的注意事项

为视障乘客引路时,要用描述性的语言,引导过程要以乘客为参照物,说"在您的右方"或"往您左边走",不要用这边、那边等词语,也不要说"东南西北";在没有得到主人允许时,不要抚摸或者分散导盲犬的注意力,更不要随意喂食导盲犬,视障乘客要离开时,需做到有迎有送,告别礼数要周到。

📖 **任务实施**

视碍乘客乘车服务演练

任务描述:分组完成桌面演练报告,并拍摄桌面演练视频上交。

任务要求:

(1)桌面演练报告格式如表4-9所示。

(2)3~5人一组,工作人员安排须按照地铁实际岗位设置。

(3)小组内需要有一人负责旁白。

(4)桌面演练视频不得分片段提交,须提交一个完整的文件,必要时可在视频上编辑字幕。

视障乘客乘车服务桌面演练报告   表4-9

演练情境描述	2021年7月12日,一位视障乘客通过电话预约进行乘车,该乘客上午十点从××站出发,目的车站是××站,该视障乘客没有陪同人员,没有携带导盲犬,但有盲杖,并随身携带了残疾人证。乘客进入站厅乘坐无障碍电梯,站厅到站台走楼梯,出站时使用的是自动扶梯
演练人员安排	……
演练时间及地点	……
演练步骤 1.进站引导	工作人员:"您好,我是××车站工作人员,请问您是××乘客吗?" 视障乘客:…… …… (提示:引导视障乘客乘降无障碍电梯,注意引导动作和上下电梯顺序)
2.安检服务	工作人员:"您好,现在已经到安检口了,我们帮您把行李箱放到安检机器上,请您稍等。" 视障乘客:…… …… (提示:安检结束后复述行李信息)
3.换票服务	……
4.刷卡服务	……
5.上车服务	……
6.下车服务	……
7.出站服务	……

📖 **任务评价**

视障乘客服务桌面演练的评分表见表4-10。

视障乘客服务演练评分表   表4-10

考核项目	考核要求	得　分	备　注
演练报告 (20分)	1.演练报告内容完整(10分) 2.流程符合企业要求(10分)		
视频拍摄效果 (10分)	1.画面清晰,镜头剪辑切换自然(5分) 2.声音清楚,没有杂音(5分)		

续上表

考核项目	考核要求	得分	备注
进站引导服务 (10分)	1.工作人员服务之前先进行自我介绍,征得乘客同意后提供帮助(5分) 2.乘客进出无障碍电梯,引导动作正确,引导语言得体(5分)		
安检服务 (10分)	1.主动提示乘客进行安检服务(5分) 2.安检结束后主动告知乘客行李信息(5分)		
换票服务 (10分)	换票流程正确,用语标准(10分)		
刷卡服务 (10分)	1.主动提示乘客刷卡(5分) 2.引导动作正确,流程正确(5分)		
上车服务 (10分)	1.主动提示乘客(5分) 2.询问并及时告知换乘车站的乘客信息完整,且通话过程正确(5分)		
下车服务 (10分)	1.等待乘客的位置正确(5分) 2.通过语言进行提示,协助乘客下车(5分)		
出站服务 (10分)	1.乘客出站引导动作正确(5分) 2.和乘客道别(5分)		

知识巩固 ◻

一、不定项选择题

1. 乘客携导盲犬进站乘车时,工作人员应确认( )。

 A. 乘客持有的残疾人证符合福利票发放规定

 B. 导盲犬证件有效

 C. 导盲犬证、犬匹配

 D. 导盲犬佩戴导盲鞍和防止伤人的护具

2. 下列关于视障乘客服务说法正确的有( )。

 A. 大多数视障乘客听觉会显得格外灵敏,工作人员之间交流时不要窃窃私语或用手势交流

 B. 和视障乘客交流时,动态行为要适当缓慢

 C. 不可随意触摸、夺取视障乘客的盲杖等物品

 D. 在为视障乘客提供服务时,工作人员应先询问对方是否需要帮助,以免让乘客产生猜疑,感到不舒服

二、简答题

1. 简述视障乘客的引导需求。

2. 简述视障乘客安检服务的要点。

3. 简述视障乘客的特点。

任务三　聋哑乘客服务

📖 任务目标

知识目标

1. 掌握聋哑乘客的心理特点和服务要求。

2. 掌握安检服务、售票服务、引导服务和问询服务的基本手语。

能力目标

1. 能够用基本手语和乘客进行沟通。

2. 能够了解聋哑乘客需求并为其提供乘车全过程服务。

素质目标

1. 培养主动服务意识，尊重乘客，站在乘客角度思考问题。

2. 培养安全责任意识。

📖 任务引入

请同学们思考并讨论：聋哑乘客服务有哪些是需要工作人员格外关注的？车站服务人员和聋哑乘客的沟通方式主要有哪些？

📖 知识准备

一　聋哑乘客特点及服务要求

聋哑乘客生活在无声的世界里，但耳朵的失聪会增强他们的观察能力，尤其对健全人的表情观察会更细致入微，由于没有声音的配合，这样的观察往往带有很强的主观色彩。因此，为聋哑乘客服务时，要主动、细致地向其解释具体的事情，并坦然面对乘客的眼神，窃窃私语或频繁转身相背，都极其容易引起乘客的猜疑。

（1）接待聋哑乘客时，应微笑正面朝向乘客，以便乘客能够清楚看到服务人员的表情和口型，严格执行首问责任制。

（2）与聋哑乘客交流时，注意观察乘客的眼神和手势，如看不懂手语可改用笔谈，用语要直截了当，通俗易懂。

二　聋哑乘客常用手语服务

1.安检服务用语

（1）"您好,请接受安全检查"相关手语操作见表4-11。

"您好,请接受安全检查"相关手语操作　　　　表4-11

您:一手食指,手背向上,指向对方	好:一手握拳,向上伸出拇指	请:双手掌心向上,在腰部向旁移
接受:双手掌心向上,向内移动并握拳	安:一手横伸,掌心向下,从胸部往下按 全:一手伸拇指,顺时针平行转动一圈 （一）　（二）	检查:双手拇指、食指、中指相捏,上下交替移动两次,模拟检查东西

（2）"您好,您携带的大包小包都需要过机安全检查"相关手语操作见表4-12。

"您好,您携带的大包小包都需要过机安全检查"相关手语操作　　　　表4-12

带:左手横立,掌心向下,右手捏住左手手指,向右移动一下	行李:一手虚握,手臂伸直,放于身后,向前拉动,模仿拉行李箱

续上表

背包：双手五指弯曲，指尖朝内，从肩部向下移动一下，如背双肩包	全部：双手五指微曲，指尖左右相对，然后向下做弧形移动，手腕靠拢	需要：一手平伸，掌心向上，向后微移两下

（3）"您好，请您将携带的液体试喝或者检查"相关手语操作见表4-13。

"您好，请您将携带的液体试喝或者检查"相关手语操作　　　　　表4-13

喝：一手五指成半圆形，模仿喝水动作	或者：双手食指直立，手腕前后交替转动两下

（4）"谢谢您的配合"相关手语操作见表4-14。

"谢谢您的配合"相关手语操作　　　　　表4-14

谢谢：一手（或双手）伸拇指，向前弯动两下	配合：双手横立，掌心向内，指尖相对，从两侧向中间交错移动至双手相叠

2. 售票服务用语

（1）"您好，请问您需要什么帮助？"相关手语操作见表4-15。

"您好，请问您需要什么帮助？"相关手语操作　　　　　表4-15

问：一手五指微曲，掌心向外，从嘴前向外侧移动两下	什么：一手食指直立，左右晃动几下	帮助：双手斜伸，掌心向外，按动两下

（2）"请问您去地铁哪个车站?"相关手语操作见表4-16。

"请问您去地铁哪个车站?"相关手语操作　　　　表4-16

去:一手伸拇指、小指、指尖朝外，从内向外移动	地铁:左手平伸，右手食指、中指弯曲，置于左手掌心下，并向前移动	站:右手食指、中指分开，指尖朝下，立于左手掌心上

（3）"请您等一会儿"相关手语操作见表4-17。

"请您等一会儿"相关手语操作　　　　表4-17

等:一手横伸，一手手背贴于下巴下方	一会儿:一手拇指、食指相捏，指尖朝上，左右微晃几下

（4）"请您拿好,慢走"相关手语操作见表4-18。

"请您拿好,慢走"相关手语操作　　　　表4-18

拿:一手五指伸开，指尖朝下，边向上移动边握拳	慢:掌心向下，上下微动几下	走:一手中指、食指分开，指尖朝下，交替向前移动

（5）"您需要再重新买一张票"相关手语操作见表4-19。

"您需要再重新买一张票"相关手语操作　　　　表4-19

再:右手拇指、食指、中指相捏，手背向外，边移动边伸出食指、中指	买:双手横伸，右手手背在左手心拍一下，然后向内移动	票:双手拇指、食指分开，指尖相对，从中间向两侧移动

（6）"不客气，这是我们应该做的"相关手语操作见表4-20。

"不客气，这是我们应该做的"相关手语操作　　　　　表4-20

不：一手直立，掌心向外，左右摆动几下 	客气：（一）两手掌心向上，前后交替移动两下；（二）一手打字母Q，指尖朝内，置于鼻孔处 	
我们：（一）伸食指指一下自己；（二）掌心向下，顺时针平行转动半圈 	应该：一手食指中指横伸，手背向上，交替弹下巴 	做：双手握拳，一上一下，右拳向下砸一下左拳

3. 监票服务用语

（1）"您好，请您在这里刷卡"相关手语操作见表4-21。

"您好，请您在这里刷卡"相关手语操作　　　　　表4-21

这里：一手伸食指，指尖朝下指两下 	刷卡：左手横立，掌心向内，五指并拢在前，右手五指撮合，指背贴一下左手手掌，然后离开，模仿刷卡的动作

（2）"您好，请您在黄色线外刷卡"相关手语操作见表4-22。

"您好，请您在黄色线外刷卡"相关手语操作　　　　　表4-22

黄色：一手打手指字母H，摸一下脸颊 	线：双手拇指、食指相捏，从中间向两侧拉开 	外面：左手横立，右手伸食指，指尖朝下，往左手背外向下指

4.问询服务

（1）"您好,您需要从车站 A 出口出站"相关手语操作见表4-23。

"您好,您需要从车站 A 出口出站"相关手语操作　　表4-23

A:一手大拇指直立	出口:(一)伸拇指小指,从内向外移动;(二)伸食指,沿嘴部转动一圈
A	(一)　(二)

（2）"您好,您可以到5 号线换乘"相关手语操作见表4-24。

"您好,您可以到5 号线换乘"相关手语操作　　表4-24

可以:一手掌心向外,除大拇指外,其余手指弯动一下	换:双手食指直立,然后左右交叉,互换位置	五:直立,手指分开,掌心向外;或横伸,手背向外

（3）"请您去乘客服务处处理"相关手语操作见表4-25。

"请您去乘客服务处处理"相关手语操作　　表4-25

乘客:(一)左手横伸,右手伸拇指小指置于左掌心,然后双手向右移动;(二)双手食指搭成"人"字	服务:右手横立,掌心向内,在左胸向上滑动两下
(一)　(二)	
处:一手手指成半方框形	处理:双手手背拱起,指尖相对,分别向两侧扒动一下

（4）"请问卫生间在哪里？"相关手语操作见表4-26。

"请问卫生间在哪里？"相关手语操作 表4-26

卫生间：一手拇指食指弯曲，其他直立，掌心向前左右微晃	在：左手横伸，右手伸拇指小指，从上到下移至左掌心

（5）"请您直行，右拐"相关手语操作见表4-27。

"请您直行，右拐"相关手语操作 表4-27

直：一手侧立，向前移动一下	右：左手拍一下右臂，或者一手食指，向右一指

小贴士

车站服务人员可提前准备适量纸条和卡片，针对听力残疾乘客需求通过书写方式与乘客交流。

任务实施

手语服务训练

请分组用手语完成下列对话（参照2018年发布的国家通用手语）。

（1）乘客："请问乘客服务中心在哪里？"

工作人员："请您直行，右转。"

乘客："谢谢。"

工作人员："不用客气。"

（2）工作人员："您好，请您接受安检。"

乘客："我的背包也需要安检吗？"

工作人员："是的，所有行李都需要安检。"

乘客："好的。"

工作人员："谢谢您的配合。"

（3）工作人员："您好，请问您去哪个车站？"

乘客："北京站。"

工作人员："一张票三元。"

工作人员："请您收好,慢走。"

任务评价

每个对话开始时,随机抽取每组两名学生上台展示上述手语对话,评价表见表4-28。

手语展示评分表 表4-28

评 分 项 目	评 分 标 准	得 分	备 注
对话一 (30分)	1. 手语描述是否正确(15分) 2. 手语表达是否熟悉、流畅(15分)		
对话二 (40分)	1. 手语描述是否正确(20分) 2. 手语表达是否熟悉、流畅(20分)		
对话三 (30分)	1. 手语描述是否正确(15分) 2. 手语表达是否熟悉、流畅(15分)		

知识巩固

判断题

1. 聋哑乘客的观察能力强,对表情观察也是细致入微,所以聋哑乘客大多能很准确地判断出工作人员的心理。 （　　）

2. 为聋哑乘客服务时,要坦然面对乘客的眼神,窃窃私语或频繁转身相背,都极其容易引起乘客的猜疑。 （　　）

3. 接待聋哑乘客时,应微笑正面朝向乘客,以便其能够清楚地看到表情和口型。 （　　）

4. 当和聋哑乘客沟通困难时,工作人员可以引导乘客去找其他工作人员帮忙。 （　　）

5. 与聋哑乘客交流时,注意观察乘客的眼神和手势,如看不懂手语可改用笔谈,用语要直截了当,通俗易懂。 （　　）

任务四　乘客应急服务

任务目标

知识目标

1. 掌握乘客物品丢失、乘客物品掉落轨道、乘客走失、乘客突发疾病的处理流程。
2. 掌握心肺复苏、包扎的流程和技术要点。

能力目标

1. 能够按照规定流程处理乘客物品丢失、乘客物品掉落轨道、乘客走失、乘客突发疾病等事件。
2. 能够按照规定处理乘客受伤事件。
3. 能够根据现场乘客情况对乘客进行心肺复苏或简单包扎。

素质目标

1. 培养诚实守信品质，对于乘客隐私做好信息保密。
2. 培养抗压能力，能够冷静面对应急事件。

任务引入

2021年5月24日早上05:18，北京西站地铁站，一名50岁左右的男子突然倒在西进站口附近。事后据他的同事介绍，该男子刚刚从外地出差回到北京，事发前，他说自己心脏不舒服，没走几步，就倒在了地上。

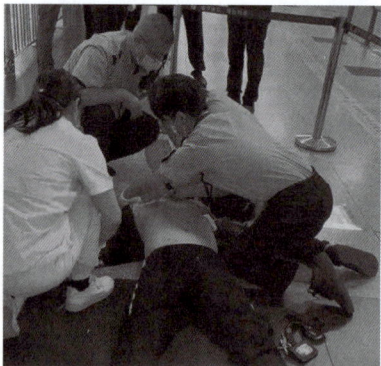

图4-8　地铁工作人员正在对乘客进行急救

进站口旁的站务员用对讲机喊来了值班站长。随后，值班站长带着几位站务员赶到，他们把倒地的男士翻正后，发现他的眼睛已经翻白，没有鼻息，脸憋成了酱紫色，更重要的一项身体指征是，这名男子的腹部已经看不出起伏，只有下颌能看到轻微的颤动，这表明乘客心脏发生了骤停。

站务员和值班站长开始轮流为昏迷者进行胸外按压（图4-8）。但在如此按压了五六分钟后，昏迷者依然没有恢复自主呼吸，面对呼唤也没有应答，于是，站务员决定启动自动体外除颤器（Automated External Defibrillator，AED）。

05:31,AED 启动。急救中心医生随后赶到现场,迅速替换下站务员,为患者按压。还没按两下,AED 传来提示——请远离患者。在 AED 进行心律分析并实施除颤的间隙,车组人员持续为患者做着胸外按压。

05:40 左右,在晕倒 20min 后,患者的情况终于好转,自主心律和自主呼吸逐渐恢复。

这是北京地铁 AED 首次救人成功。

目前,北京已完成 4 号线全线,2 号线、13 号线、大兴线、大兴机场线、燕房线等线路全部车站的 AED 配置工作。北京地铁 5 号线、6 号线、7 号线、8 号线、9 号线、10 号线、首都机场线、八通线、14 号线、16 号线等 10 条线路 229 座车站,也将完成 AED 配置,届时设备覆盖率将达到 84%。

思考:在此次事故中,乘客获救的原因有哪些?

知识准备

乘客在乘车过程中,难免会遇到突发状况。当事情发生时,乘客和其身边的人员通常会感到不安和慌乱,在这种情况下,我们需要根据现场情况进行灵活处理,并且要充分考虑到乘客的心理,避免出现尴尬情况。

一 乘客突发疾病

车站急救服务时,首先,要求按照"一看护、二汇报、三救助"的基本步骤,为乘客提供服务;其次,在为突发疾病的乘客实施急救服务时,要以"赢得时间、拯救乘客生命"为原则,快速、合理安排各岗位人员;最后,注意不间断各岗位正常的运营服务组织工作。

当发现乘客感到不适时,工作人员应及时上前提供帮助。对于晕倒的乘客,我们需要第一时间上前拍打其肩部,在其耳边进行连续呼叫:"先生/女士,您怎么了? 先生/女士,您怎么了?",如图 4-9 所示。

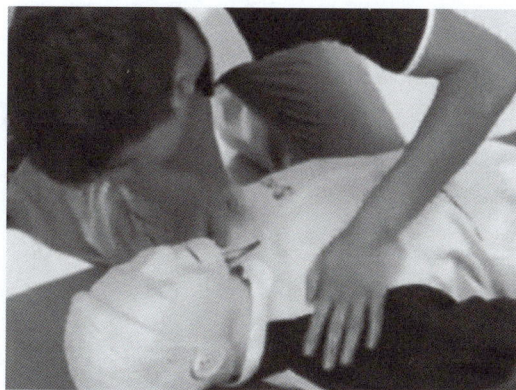

乘客突发疾病(癫病)的处理

图 4-9 乘客晕倒后呼叫乘客

1. 呼叫后乘客有意识

(1)做好看护,并进行适当的安抚和询问:"您好,您哪里不舒服吗?""需要帮您叫救护车吗?"对于有家属陪同的乘客,应征得家属同意,站务人员及时与急救中心联系,争取时间,以免延误乘客病情。如没有家属陪同,应及时与家属取得联系,在乘客意识清醒的状态下,若拨打 120 最好先征得乘客同意,必要时上报公安部门。

(2)询问乘客有无病史,是否随身携带相应的药物。

(3)视乘客需求带乘客到站台座椅上休息。

2.呼叫后乘客无意识

(1)查看乘客具体情况,根据乘客的胸腹部是否有起伏来判断乘客是否有呼吸。

(2)如果没有呼吸或者是长时间只有一次很浅的呼吸(濒死呼吸),则立即采取胸外按压等急救措施。及时与急救中心联系,必要时可以请求其他工作人员到车站出口迎候急救人员,并宣传疏导周围乘客,保障各个通道畅通无阻,为乘客的治疗争取时间。

(3)如果乘客呼吸正常,可以询问家属乘客病史,是否随身携带相应药物,征得其家属同意后拨打急救电话,宣传疏导周围乘客,保证周围空气流通;如家属不在现场,直接拨打急救电话,想办法联系家属,必要时上报公安部门,协助医护人员将乘客送上救护车。在处理过程中以协助为主,切忌随意移动乘客,站务人员不能自作主张对乘客采取任何药物治疗。

🔍 知识链接

心肺复苏术方法

心肺复苏术(Cardiopulmonary Resuscitation,CPR),是针对骤停的心脏和呼吸采取的救命措施,是为了恢复患者自主呼吸和自主循环。2020年 8 月,中国红十字会总会和教育部联合印发《关于进一步加强和改进新时代学校红十字工作的通知》,将学生健康知识、急救知识,特别是心肺复苏纳入教育内容。

二维码 心肺复苏(一)

二维码 心肺复苏(二)

心肺复苏的动作要点见表4-29。

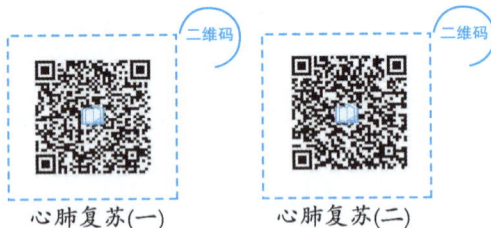

心肺复苏动作要点   表 4-29

注意要点	注意事项	图片示意
按压部位	胸骨中下 1/3 处(两乳头连线中点)	
按压手法	左手掌根部放于按压部位,左手在下,右手在上,左手五指伸直,右手紧扣左手,手掌根交叠,十指交叉	

续上表

注意要点	注意事项	图片示意
姿势	跪立在患者旁边,双手臂伸直与患者身体垂直,将上半身的力量、手部和腰部的力量向下传递,掌根用力,手指抬离胸壁,肘部伸直,重心垂直向下,只以掌根部接触按压部位,双臂位于患者胸骨的正上方,利用上身重量垂直下压。 按压幅度:使胸骨下陷至少 5 厘米,而后迅速放松,反复进行 30 次	
人工呼吸	仰头开放气道,捏鼻,人工呼吸两次	
按压频率	至少 100 次/分; 胸外按压次数:人工呼吸次数 = 30:2,连做五组	

二　乘客物品掉落轨道

(1)站务员安抚并提醒乘客:"为了您的安全,请勿私自跳下轨道,请您放心,我们会尽快为您处理。"

(2)如条件允许及时用拾物钳帮助乘客取回。

(3)如果条件不允许,则告知乘客将于运营结束后下轨道拾回物品:"对不起,目前条件不允许,我们将在运营结束后,帮您拾取。"并请乘客留下联系方式,第二日到车站领回物品。

(4)如乘客提出疑问,需要耐心向乘客解释地铁相关规定,理解乘客着急的心情。

想一想

如果你在工作过程中,遇到乘客衣扣脱落等尴尬情况,会如何处理?

三　乘客走失

(1)首先适当安抚乘客。

(2)快速了解情况(走失人员的性别、年龄、相貌特征、走失时间、乘车路线等)并进行登记。

(3)利用广播在车站内进行协助寻找,如未找到,可上报至运营控制中心在全线进行广播寻找,必要时在征得乘客同意后,协助乘客通知公安部门寻找。

四　遗失物品查找服务（表4-30）

遗失物品查找服务　　　　　　　　　　　　　表4-30

程　序		内　容
当乘客反映物品丢失时	1. 接到乘客反映	(1)安抚乘客："请您别着急,我们马上帮您广播。" (2)了解遗失物品的基本特征和物品遗失的地点和时间等
	2. 采取措施	(1)通过广播在本车站进行询问和查找 (2)通过电话向有关车站进行询问和查找 (3)找到物品时,协助乘客办理认领,应礼貌核对乘客的身份,确认乘客所述物品与找到的物品一致 (4)若没有找到遗失物品,应向乘客表示抱歉,并将乘客的姓名、身份证号码、联系方式进行记录,以便联系乘客,必要时可以告知乘客向车站属地派出所报案
当乘客捡拾到其他乘客的物品并上交时	1. 接到遗失物品	(1)向乘客表示感谢 (2)当着乘客的面,对物品进行详细的清点和记录,并请乘客签字确认
	2. 采取措施	(1)通过广播寻找失主 (2)未找到失主时,将物品上交保管 (3)如果有乘客过来认领时,应礼貌核对乘客的身份,并请乘客签字确认

五　乘客在车站内发生伤害

　　城市轨道交通车站客流高峰期人多,容易发生乘客被闸机扇门、站台门或车门夹伤,自身摔伤等,工作人员应妥善处理。

　　(1)第一时间上前关注慰问,安抚乘客情绪,了解伤害状况,如"您好,请问您哪里不舒服"。

　　(2)视伤口情况进行现场处置,判断是否可以对伤口进行简单的消毒处理和包扎。

　　(3)当乘客受伤较重或者主动提出要去医疗机构检查的要求时,应按照当地地铁企业规定进行处置,必要时需要让工作人员同乘客一起去医疗机构就诊。

　　(4)在处理乘客伤害过程中,不可以数落乘客,如"谁让你抢上抢下的""门都关了,你还要往里冲";切忌推诿或拒绝其就医要求。对未发生伤害的乘客,要耐心向乘客解释,讲明企业的规定,必要时,向上级报告,求得解决办法。

乘客被扶梯夹伤事件

乘客被碎玻璃割伤事件

案例导读

　　某日10:33,地铁3号线吴家窑站客服工作人员,发现进站闸机处一位正在进站的女乘客头部在流血。她立刻上前了解情况并上报。很快,值班站长与值班员携带急救箱来到现场。此时,乘客用手捂住头部,血已经染了半张脸。值班站长发现伤口出血比较严重,情况紧急,立刻安排工作人员用酒精、纱布、止血绷带对伤口进行消毒包扎,处理过程中乘客头部伤口流血不止,鲜血染红了好几块纱布。

经询问得知,乘客乘坐出租车换乘地铁前往天津南站坐火车,下车从后备箱取行李时,被后备箱盖撞破头部。地铁员工与受伤乘客家属联络,得知家属正在外地出差,无法赶到现场。为保证乘客安全,值班站长决定由车站工作人员和驻站民警陪同乘客前往医院就医。

12:20,乘客就医后返回车站对地铁员工们表达了谢意。她表示,十分感谢工作人员对待乘客的热情、积极、主动。

从上述案例可以看出,乘客并不是在地铁车站受伤,但是地铁工作人员仍然第一时间向乘客提供了帮助和处理,让乘客伤口得到及时的处理,地铁工作人员既收获了帮助他人的喜悦,也让乘客感受到了地铁的温暖。

技能拓展

伤口止血包扎

每个地铁车站都备有急救箱,里面会有纱布、创可贴、碘酒、止血绷带、云南白药等急救用品。车站工作人员可以利用急救箱内的物品对乘客的伤口进行先期处理。

当伤口较小时,首先帮助乘客清洁伤口,用创可贴贴上即可。

当伤口较大且出血较多时,应进行包扎。包扎本身就是止血的措施。组织损伤会造成毛细血管出血,出血时若血液呈水珠样从伤口流出,稍微压迫即可止血,有时也可自动凝固止血。这种出血,往往只需要在伤口贴上止血贴,或在伤口上覆盖消毒纱布,然后稍微加压包扎,即可完成止血和包扎的双重任务。对于由动脉血管损伤引起的"动脉出血"和由静脉血管损伤引起的"静脉出血",单纯的压迫包扎伤口,往往不能达到止血的目的。

动脉出血时,出血呈搏动性、喷射状,血液颜色鲜红,人可在短时间内大量失血,造成生命危险;静脉出血时,出血缓缓不断外流,血液颜色紫红。这时要先通过"指压"和"止血带"等应急措施临时止血,再送医院或请救护人员前来救治。

下面简要介绍指压止血、止血带、止血和绷带包扎。

指压止血是在伤口的上方,即近心端处,找到跳动的血管,用手指紧紧压住。须注意的是:此法仅能用于短时间控制血流,应随即采用"止血带"止血法。

止血带是具弹性的橡胶带(带与皮肤之间要垫上敷料),如无止血带,亦可用宽度大于3厘米的布带、毛巾、领带等代替。使用止血带时,将其绑扎上臂或大腿上、中1/3交界处(注意:绑扎上臂时不能过低,否则易损伤神经),绑扎的松紧程度以伤口没有鲜血外流为度。此外,一定要在显著的部位标明上止血带的时间,每隔一小时松开止血带几分钟,再绑扎。

常用的绷带包扎法有三种。

（1）绷带环形法

这是绷带包扎法中最基本最常用的，一般小伤口清洁后的包扎都用此法。它适用于颈部、头部、腿部以及胸腹等处。方法是：第一圈环绕稍做斜状，第二圈、第三圈做环形；将第一圈斜出的一角压于环形圈内，这样固定会更牢固些；最后用粘膏将尾固定，或将带尾剪开两头打结。

（2）绷带螺旋法

方法是：先按环形法缠绕数圈固定，然后上缠的绷带每圈盖住前圈的1/3或2/3，使之成螺旋形。

（3）三角巾法

头部包扎：先把三角巾基底折叠放于前额，两边拉到脑后与基底先做一半结，然后绕至前额做结，固定。

面部包扎：将顶角结放于前额，底边结放在后脑勺下方，包住头部，两角往面部拉紧，向外反折包绕下颌，然后拉到枕后打结即成。

胸部包扎：如右胸受伤，将三角巾顶角放在右面肩上，将底边扯到背后在右面打结，然后再将右角拉到肩部与顶角打结。

六　醉酒、精神异常等情绪失控乘客服务

1. 处理要点

（1）与乘客沟通语言要平和，注意用语礼貌，语调平稳有耐心，重点关注乘客情绪，而不是争辩是非对错。

（2）遇到乘客出现过激行为时，工作人员必须控制自身情绪，不要与乘客有任何身体接触，避免乘客情绪失控，影响事件处理（必要时换人处理）。

（3）当乘客有攻击举动时，应先保护自身安全及周边其他乘客人身安全，并要求安保人员协助控制乘客。发现局势无法控制或事件发展有可能产生较大危害时，应及时申请车站安保、列车安全员、轨道交通执法大队人员、驻站民警到场处理。

（4）注意保护现场证据（如录像、损坏的设备等）。

（5）应礼貌劝阻周围乘客围观，阻止乘客拍照、摄像。

（6）所有员工发现冲突发生，都应尽力阻止并带离当事人。

2. 处理步骤

醉酒、精神异常等情绪失控乘客处理步骤如表4-31所示。

醉酒、精神异常等情绪失控乘客处理步骤　　　　　　　表4-31

步骤	负责人	工作内容
1	值班站长	发现或接到报告车站有情绪失控乘客与车站工作人员发生言语或肢体冲突后，立即将CCTV切换到相关画面，确认及了解现场情况。

续上表

步骤	负责人	工 作 内 容
2		亲自或安排员工立即到现场处理,并且通知安保人员立即到达现场协助,如有需要,安排车站员工协助处理。
3		立即请求驻站民警协助,通知行车调度员及直属领导。
4		尽量安抚情绪失控乘客,将其带至非公共区域,如果乘客不配合,也应尽量将其带至乘客较少的区域处理。
5		如情绪失控乘客较为激动,不要与乘客争辩是非对错,不要打断其讲话,尽量避免刺激乘客情绪。
6	值班站长、站务员	如情绪失控乘客开始做出攻击性行为或损坏设备设施时,在确保自身安全的前提下协助安保人员制止并控制住乘客的行为,但不得有任何攻击性举动。
7		做好乘客信息记录,待轨道交通执法大队人员、驻站民警到场后,移交轨道交通执法大队人员、驻站民警处理(如果有设备损坏,需要提前告知驻站民警,请轨道交通执法大队人员、驻站民警协调,让乘客做出相应赔偿)。
8		处理事件中应保护好现场证据(如录像、损坏的设备等),并礼貌劝阻周围乘客围观,阻止乘客拍照、摄像。
9		如事情发生在列车内,则按照行车调度员指示,上车后,尽力将情绪失控的乘客劝离车厢,到站内处理,如无效,报行车调度员,安排轨道交通执法大队人员、驻站民警在下一站上车协助;陪伴该乘客,继续安抚,直至交给轨道交通执法大队人员、驻站民警办理为止。
10		整个事件处理完毕后应及时上报行车调度员并记录,将事件通报直属领导。

七　行乞、吵架、卖艺等影响正常乘客出行行为的服务处理

1. 处理要点

任何员工在车站范围内发现有行乞、吵架、卖艺等影响正常乘客出行行为时,须及时劝阻,立即上报车站综控室。

列车司机如发现或接到列车内有影响正常乘客出行的乘客时,须立即上报行车调度员,由运营控制中心(OCC)安排车站员工上车处理。

2. 处理步骤

影响正常乘客出行行为的处理步骤如表4-32所示。

影响正常乘客出行行为的处理步骤　　　　　　表4-32

步骤	负责人	工 作 内 容
1	值班站长	发现或接到报告车站有影响正常乘客出行的乘客时(如行乞、吵架、卖艺、派发宣传单、贩卖物品等),立即把CCTV切换到相关画面,确认及了解现场情况,通知车站员工前去处理。
2	站务员	应礼貌制止其行为,告知地铁范围内不得进行类似行乞、卖艺、派发宣传单、贩卖物品等活动,如吵架应立即劝止,联同车站安保人员将乘客带离车站范围。

续上表

步骤	负 责 人	工 作 内 容
3	站务员	如乘客不听劝阻，在车站范围内应及时上报综控室，请求驻站民警、轨道交通执法大队人员协助，在列车上则应及时反馈行车调度员，安排就近驻站民警、轨道交通执法人员协助。
4		在驻站民警、轨道交通执法大队人员到来之前，应留守于乘客附近，随时反馈现场情况。
5		在处理类似乘客时，应注意自身语言，不要引起不必要的争执，不要和乘客有任何身体接触，如乘客不配合，并且情绪激动，需按情绪失控乘客处理指引处理。

八　车站突发事件服务

1. 处理原则

坚持"先救人，后救物，先全面，后局部"的原则，优先组织人员疏散，兼顾重点设备和环境防护，将损失降至最低。

2. 处理技巧

（1）车站工作人员需要第一时间上报。报告内容包括：事件发生时间、地点、列车车次、车组号（或车站内故障设备名称等）；事故概况、设备状况及对运营的影响程度；人员伤亡情况；请求救援的内容等。

（2）根据现场情况，安抚、疏散乘客，并利用车站广播或便携式喇叭向乘客广播，稳定乘客情绪。

（3）维持客流秩序，必要时进行报警，尽量挽留 2 名以上证人，等公安人员到达后协助开展工作。

📖 任务实施

乘客应急服务演练

任务描述：设置应急服务情境，按照处理规范完成应急服务演练。

任务要求：

（1）3~5 人一组，每小组设置一个应急事件的情境（可以从教材描述的应急事件中选取，也可以自行设置），小组成员扮演乘客。

（2）采取抽签的方式，进行现场模拟。采取小组对抗的方式，一组设置情境，一组按照车站站务员、值班站长的角色，进行应急事件处理。

（3）设置情境的小组成员可以临场发挥，加入应急事件的处理难度，但需要有理有据，不得故意刁难。

（4）两组上台演练，其余组根据两组组员的现场表现进行打分。

📖 任务评价

乘客应急服务演练评分表见表4-32。

乘客应急服务演练评分表　　　　　　　　　　　　　表 4-32

评 分 项 目	评 分 标 准	得　分	备　注
情境设置 (30分)	1.情境总体设置合理,符合工作实际(10分)		
	2.组员表演流畅,语言表达适合当时情境,没有故意刁难(10分)		
	3.组员演示过程中没有笑场(5分)		
	4.情境设置难度适中(5分)		
应急处置 (70分)	1.角色分配合理(10分)		
	2.应急处理流程正确(10分)		
	3.应急处理遵守地铁相关规定(10分)		
	4.每个处理环节都专业到位(20分)		
	5.应急处理过程中语言得体,不急不躁(10分)		
	6.应急处理结果令人满意(10分)		

知识巩固 ◻

一、不定项选择题

1. 乘客携带物品掉落站台道床时,下列做法不正确的是(　　　)。

　A.列车运行时,将站台门开启,用夹子取回

　B.如条件不允许,不能夹取,请乘客留下姓名、联系方式

　C.找到乘客物品,及时与乘客取得联系后尽快交还

　D.如本班组不能及时交还乘客,将具体情况告知接班工作人员

2. 当有乘客在车站突发疾病时,下列说法正确的有(　　　)。

　A.立即拨打120,如果乘客意识清醒,则需要征得乘客同意后拨打

　B.不需要征得乘客同意,立即拨打120,以免乘客发生意外

　C.为了避免乘客围观,应该立即疏导周围乘客,保障车站通道的畅通无阻,为乘客的治疗争取时间

　D.为了避免出现乘客围观,立即将病人抬到综控室

二、简答题

1. 在巡视车站时,若有乘客捡拾到其他乘客的物品并上交,试写出你的处理步骤。

2. 简述乘客走失的处理流程。

乘客投诉处理

项目说明

　　任何组织，包括企业、政府机关、非营利机构，只要提供产品或服务，都有可能遇到投诉。城市轨道交通运营企业作为一个服务性行业，再加上其公共交通的特性，自然也不可避免地受到投诉。正确认识、妥善接待和处理投诉是良好的企业形象和一流企业管理水平的体现。因此，作为直接面向乘客的服务人员，尤其需要掌握投诉处理的相关知识，处理好乘客投诉，以提高企业运营服务质量。

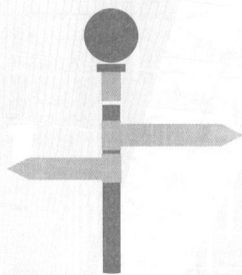

项目目标

◎ **知识目标**

1. 掌握乘客投诉的分类及投诉产生的过程。

2. 掌握乘客一般投诉处理的流程和技巧。

3. 掌握乘客伤害事故处理的流程和技巧。

◎ **能力目标**

1. 能够在投诉发生前做出准确判断,并进行及时补救,减少投诉发生。

2. 能够利用相关投诉处理技巧,进行乘客一般投诉处理。

3. 能够根据地铁规定,对乘客的伤害事故进行处理。

◎ **素质目标**

1. 培养观察和分析能力,快速判断乘客的需求。

2. 培养积极向上的心态,正确对待投诉,接受投诉。

3. 培养"以乘客为本"的服务理念,当遇到投诉时,要站在乘客角度看待问题。

◎ **建议学时**

12 学时。

任务一 乘客投诉认知

任务目标

知识目标

1. 掌握乘客投诉的分类。
2. 掌握乘客投诉产生的原因。

能力目标

1. 能够在投诉发生之前做出准确判断,并进行处理,减少投诉发生。
2. 根据具体投诉事件进行投诉原因分析。

素质目标

1. 培养观察和分析能力,快速判断乘客的需求。
2. 培养积极向上的心态,正确对待投诉,接受投诉。

任务引入

2019 年国庆节期间,由于客流量过大,北京地铁部分车站进行了关站处理且列车通过这些车站不停车,关于车站关闭的信息在国庆节之前就通过地铁官方网站、地铁乘客信息系统、地铁广播系统等途径进行了宣传。由于封站确实会给部分乘客的出行带来不便,所以有乘客不满进行投诉。

想一想: 上述投诉是否是真正投诉?是否需要处理?

知识准备

随着消费者层次的提高,消费者越来越注重自己的权益问题,越来越多的乘客为了自己的权益选择投诉。当乘客乘坐轨道交通时,会对出行的本身和企业的服务抱有良好的愿望和期盼,如果这些要求和愿望得不到满足,就会失去心理平衡,由此就会产生"讨个说法"的行为,这就是投诉。广义地说,乘客任何不满意的表示都可以看作投诉。

一 乘客投诉的分类

1. 按照投诉的表达方式分类

乘客感到不满意后的反应不外乎两种:一是说出来,二是不说。据一项调查表明:在所有不满意的乘客中,有69%的乘客从不提出投诉,有26%的乘客向身边的服务人员口头抱怨过,而只有5%的乘客会向投诉管理部门(如客服中心)正式投诉。其中,正式投诉根据乘客表达方式的不同可以分为以下三种:

(1)当面口头投诉(包括向企业的任何一个职员投诉)。

(2)书面投诉(包括意见箱、邮局信件、网上电子邮件等)。

(3)电话投诉(包括热线电话、投诉电话等)。

2. 按投诉的内容分类

按投诉的内容主要可以分为:车站服务投诉、列车运行投诉、乘车环境投诉、票款差错投诉、设备故障投诉等。

3. 按投诉的性质分类

按投诉的性质可以分为有责投诉和无责投诉。有责投诉是指因工作人员工作失误、违规操作、设备设施保障不力等而引起的投诉。无责投诉包括两种情况:一是由于自然灾害等不可抗力因素导致服务失误而引起的投诉;二是因为乘客自身原因而引起的投诉。对于前者,地铁企业应该加大应急事件的处理能力;对于后者,地铁企业应该加强对乘客的宣传。

二 乘客投诉产生的过程

投诉一般是由于商品质量或服务质量未达到要求,消费者感到自己的合法权益受到伤害因而寻求保护。一般来说,在投诉之前乘客就已经产生了潜在化的抱怨,即对列车运行或者服务存在一定的不满。潜在化的抱怨随着时间推移就变成显在化的抱怨,而显在化的抱怨作为投诉的一种形式,很有可能会转化为正式投诉。具体过程如图5-1所示。

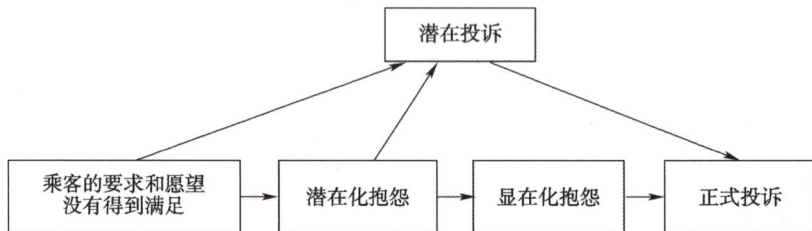

图 5-1　投诉产生的过程

三 乘客投诉的原因及心理期望

1. 乘客投诉原因分析

乘客感到不满的原因有很多,有时候他们的愤怒是有道理的,而有时候,你可能觉得他们简直是在无理取闹。无论有没有道理,我们都要牢记"乘客投诉都是有原因的"。要想消除他们的不满,就必须找到引起他们不满意的原因(表5-1)。

乘 客 投 诉 原 因　　　　　　　　　　表 5-1

乘客自身原因	企业服务的原因
（1）乘客对服务的期望值过高,乘客的要求服务人员无法满足; （2）乘客不了解或不知道企业规定; （3）乘客本身强词夺理	（1）对车站硬件设施的投诉(硬件设施薄弱、故障、不合理); （2）工作人员不规范作业,业务能力不过关; （3）工作人员的工作效率太低; （4）工作人员服务态度不好; （5）工作人员的不作为; （6）工作人员没有足够能力来解决乘客的问题; （7）因工作人员疏忽导致乘客的利益遭受损失

2.乘客投诉的心理期望

乘客只有在对服务不满的情况下,才会进行投诉。而对乘客来说,既然选择了投诉,就一定会有一个心理预期并希望得到满意的答复。作为服务人员,只有弄清了乘客投诉的心理期望,才能够有针对地处理投诉。一般来说,乘客投诉的心理期望主要有以下几种:

（1）希望问题能被认真对待。有时乘客进行投诉或建议,并不是要求企业一定能够彻底改变这种现象,只是发表对此状态的看法与观点,给企业以警示。对于这种期望的乘客,我们一定要积极对待,耐心听完乘客的批评与建议,抱着"有则改之,无则加勉"的正确态度,对乘客表示感谢。

（2）希望得到当事人的道歉和尊重。乘客投诉有很大一部分是对工作人员服务态度表示不满,乘客只是希望自身能得到重视,并希望当事人能予以道歉。在这种情况下,我们要耐心倾听,即使是乘客有错,我们也不要想着去理论,避免产生新的不满或进一步加深矛盾。因为乘客既然选择了投诉,就不会觉得是自己的责任。

（3）希望相关人员得到惩罚或惩戒。有时乘客对某位工作人员的服务不满,就会投诉,并希望该工作人员得到惩罚,所以,我们需要向乘客保证企业一定会采取行动,避免发生类似的问题。

（4）希望得到赔偿或补偿。乘客想要为自己的损失取得赔偿,也想为耗费的时间、造成的不便,或遭受的痛苦得到补偿。对于是由我们责任而造成的乘客损失,当然要协商赔偿办法;对于不是我们责任造成的乘客损失,也不能一味迁就,要耐心向乘客解释清楚。

四　认识投诉

只要是服务行业,就无法避免消费者的抱怨和投诉,即使是最优秀的服务企业,也不可能保证永远不发生失误或引起投诉。作为城市轨道交通客运服务部门,在服务过程中引起乘客投诉是很正常的,不能一味地恐惧投诉、厌恶投诉。需要对投诉有一个正确的认识,这样才能更好地处理投诉,更有效地改进服务工作并提高服务质量。

美国营销专家珍尼尔·巴诺在他的著作《抱怨是福》中写道:"当顾客对服务不满时,他们有两种选择:一是他们可以说点儿什么,二是一走了之。如果他们一走了之,就等于根本不给企业消除他们不满的机会。提起投诉的顾客仍在和我们沟通,在给我们机会让我们的服务回到令人满意的状态,顾客也更有可能再次光顾本企业。所以,尽管我们不愿听逆耳之言,但顾客的抱怨实为一种赠予。"

作为直接面向乘客的服务人员,应当以积极和欣赏的态度来看待投诉。

(1)重视投诉。乘客的投诉大多是刺耳尖锐的、直接的、不留余地的。许多服务人员把投诉当成一个"烫手山芋",希望最好不要发生。可是对于一家企业来说,没有投诉的声音却未必是个好消息。因为通过投诉往往可以暴露服务的薄弱环节。

(2)欢迎投诉。乘客的投诉能给企业机会以回顾和检查在乘客服务中不合适的方面。在投诉处理过程中,服务人员可以向乘客解释企业的规定和标准,从而使乘客和企业能够更好地理解和沟通。因此,作为服务人员,既不需要对投诉感到尴尬,也不需要带有畏惧和抵触的心理。

五　案例分析

案例一

北京地铁某车站,一位乘客来到售票窗口要求为储值票充值,因为是客流高峰期(北京地铁规定客流高峰期不能提供充值服务),售票员没有解释原因,直接就态度生硬地说:"不能充值。"该乘客要求解释原因时,售票员不耐烦地用手指了指旁边的告示,接着就给下一位乘客售票。该乘客认为该售票员态度恶劣,并和售票员发生了争执。售票员认为制度规定了客流高峰期本来就不能充值,觉得自己没有做错。乘客不满,事后投诉。

讨论:

(1)如果你是售票员,你会为该位乘客的储值票充值吗?

(2)在整个事件中,引起乘客投诉的原因有哪些?其中哪个是乘客投诉的最主要原因?

(3)乘客来充值时,售票员应该如何处理来避免乘客投诉?

案例二

乘客张先生使用自动售票机(TVM)购票时,投入 10 元钱纸币购买 1 张单程票,设备找出 5 元后,自动转为"暂停服务"模式,设备少找乘客 3 元钱,同时未出单程票。张先生找到站务人员要求解决。站务人员向张先生索要"发售异常凭据",张先生表示 TVM 没有为其打印"发售异常凭据",因此无法提供。站务人员回答:无法提供发售异常凭据不能办理退款。乘客表示不满,要求车站负责人到场处理此事。

讨论:

(1)乘客投诉的原因是什么?

(2)如果你是站务人员,当乘客找到你时你会如何处理?

案例三

某日,一位聋哑乘客找到某站站务人员,用手语比画着什么,但因站务员对手语掌握不够熟练,无法与乘客沟通。通过乘客着急的表情,站务员推想乘客可能要去卫生间,因此向聋哑乘客比画了几下,聋哑乘客不知道站务人员在表述什么意思,随后站务人员带领聋哑乘客至车站卫生间。聋哑乘客这才恍然大悟,非常无奈地摇摇头离开了车站。事后其家人进行电话投诉。

讨论：

(1)乘客投诉的原因是什么？

(2)如果你是站务人员，但是也不会手语，你会如何处理呢？

案例四

某日，一名孕妇乘客因自己肚子较大走路过于缓慢，担心闸机扇门会伤到自己，迟迟不敢出站。找到站务人员提出想从车站安全疏散门出站。站务人员瞥了一眼乘客，冷漠地说："不可以。"乘客又问站务人员："以前就可以现在怎么就不行了？"站务人员没有理睬乘客。乘客向值班站长投诉。

讨论：

(1)乘客投诉的原因是什么？

(2)如果你是站务人员，应该如何处理？

任务实施

乘客投诉案例收集与原因分析

任务描述：收集 1~2 个乘客投诉案例，分析投诉原因，进行课堂分享。

任务要求：

(1)3~5 人一组，以小组为单位进行课堂分享。

(2)采用 PPT 演示，时间不得多于 5 分钟。

任务评价

1.采用现场匿名评分的方式，进行打分。

2.随机抽取同学进行现场点评。

知识巩固

一、不定项选择题

1.按照投诉的表达方式，乘客投诉可以分为（　　　）、书面投诉和电话投诉。

　　A.当面口头投诉　　B.网络投诉　　　　C.有责投诉　　　　D.无责投诉

2.按照投诉的性质，乘客投诉可以分为（　　　）。

　　A.当面口头投诉　　B.网络投诉　　　　C.有责投诉　　　　D.无责投诉

3.乘客投诉的心理期望主要有（　　　）。

　　A.希望问题被认真对待　　　　　　　　B.希望得到当事人的道歉和尊重

　　C.希望相关人员得到惩罚或惩戒　　　　D.希望得到赔偿或补偿

二、简答题

1.简述什么是乘客投诉。

2.简述投诉的产生过程。

任务二　乘客正常投诉处理

任务目标

知识目标

1. 掌握乘客正常投诉处理的原则。
2. 掌握乘客正常投诉处理的基本步骤。
3. 掌握乘客正常投诉处理的技巧。

能力目标

1. 能够快速判断乘客投诉的原因和心理期望。
2. 能够安抚乘客情绪，按照地铁的规章制度进行投诉处理。
3. 能够采取相应的补救措施，避免投诉升级。

素质目标

1. 树立"以乘客为本"的服务理念，当遇到投诉时，要站在乘客角度看待问题。
2. 培养包容乘客的服务心态。
3. 树立主动服务意识。

知识准备

一　乘客正常投诉处理的原则

站务员每天都会面对成千上万的乘客，在服务过程中，一句不负责任的话、一个不规范的动作、一种生硬的态度等都可能引起乘客的不满而产生投诉。乘客的投诉千差万别，处理投诉也没有一成不变的方法，但面对乘客的投诉如果能牢记并把握以下四个原则，往往能获得很好的效果。

1. 安全第一，乘客至上原则

当我们接到乘客投诉时，首先要站在乘客的立场上考虑问题，"一定是我们的工作存在问题，给乘客带来了不便"，同时我们还要相信，乘客的投诉总是有理由的，有了这种观念，站务员才能用平和的心态处理乘客抱怨和投诉，并且会对乘客的投诉行为给予肯定和感谢。

安全第一，乘客至上就是指在保证地铁安全的前提下，站务员应最大限度地满足乘客需求。只有了解了乘客的需求，才能对症下药，才能向乘客提供优质的服务。

（1）某日，一位残疾乘客乘车到了终点站 A 之后不肯下车，经询问该乘客的目的车站是 B 站，刚才不小心坐过站了，为了省去换乘的麻烦，乘客认为列车到终点站之后还得往回开，他想跟着车一起回到目的车站，而且自己是残疾人，希望地铁工作人员能通融一下。但工作人员始终坚持让乘客下车，发生纠纷，乘客找值班站长投诉。

讨论：
①是否一定要让乘客下车？
②该案例中乘客投诉的主要原因是什么？
③如果你是站务员，你会如何处理？

（2）某日，一位爸爸带着孩子进站乘车，因为孩子手上拿着气球，被安检人员拦下，孩子爸爸觉得自己的气球是氦气球没有危险，但工作人员坚决不同意进站，发生纠纷。该乘客找工作人员进行投诉。

讨论：
①是否可以让孩子带着气球进站？
②该案例中乘客投诉的主要原因是什么？
③如果你是站务员，会如何处理？

2.不推脱责任原则

很多站务员面对乘客投诉的第一反应是："是我的责任吗？""如果乘客向上级投诉，我应该怎么解释？"他们常常会说："如果是我的问题，我一定帮您解决。"这看似十分礼貌，但却是一个十分糟糕的开头。站务员必须清楚地认识到，乘客既然选择投诉就根本没有想到是自己的错，而是想从你那边得到心理安慰，让你重视他的投诉。

面对乘客投诉和不满情绪，站务员首先要反思自己的不足，向乘客道歉，只有表明了这种态度，才能更好地处理乘客投诉。

一位乘客手持 50 元人民币到车站购票乘车，由于列车将要进站，乘客急急忙忙拿了找零的钱就往站台赶，到了进站口才发现自己的车票没了，乘客认为刚才慌乱中忘记拿票卡了，随即返回售票处向售票员反映，售票员认为不拿车票是乘客自己的失误，认定乘客自己把车票丢失了，不予理睬，和乘客发生争执。

讨论：上述事件中，售票员有哪些地方处理不当？应如何处理来减少乘客投诉的概率？

3.先处理情感，后处理事件原则

美国有一家汽车修理厂，他们有一条服务宗旨很有意思，叫作"先修理人，后修理车"。什么叫"先修理人，后修理车"呢？一个人的车坏了，他的心情会非常不好，你应该先关注这个人的心情，然后再关注汽车的维修。对于城市轨道交通运营企业来说也是如此，每一位投诉的乘客,心情都不会好,我们在处理时,需要先关注这个人的心情,让乘客先平息怒气,然后再想办法帮助乘客解决问题。

📝 案例导读

车站的客服中心前排起了长队,因为有一位乘客丢失贵重物品请求工作人员的帮助,好不容易办完了此项业务,刚要给排队的乘客办理售票,另一名工作人员带领一位乘客过来,该位乘客的票不能出站,售票员随即给这位乘客办理,此时排在队首的乘客变得不满:"你们怎么做服务的,怎么先给后来的人服务啊?"售票员急忙解释:"按公司规定,我们需要先为不能出站的乘客服务。"乘客不听解释,说:"让你们领导过来,我要投诉。"恰好值班站长经过,听了售票员的解释以后,对乘客说:"您好,我们的售票员没有做错,公司确实是这样规定的。"乘客不满意,继续进行投诉。

事件分析:

(1)工作人员在给乘客提供服务时,没有顾及其他乘客的心理,导致乘客产生不满情绪。

(2)当乘客抱怨自己的不满时,售票员没有第一时间安慰乘客,只是为自己的行为辩解,乘客的不满没有得到安抚。

(3)值班站长到场时,没有耐心倾听,便急着向乘客解释售票员没有做错,忽视了乘客的情感需求。

(4)值班站长漠视乘客的抱怨,没有从乘客角度出发,没有耐心倾听投诉是导致乘客最后投诉的主要原因。

服务技巧:

(1)售票员在为丢失物品的乘客服务时,花费时间较多,应该及时联系车站控制室,请求其他工作人员协助。

(2)当发现乘客有不满意的情绪时,应第一时间给予安抚,并找其他同事协助办理,而不应该第一时间向乘客解释,推脱自己的责任。

(3)值班站长到场时,应先耐心倾听乘客的投诉,并表示虚心接受乘客的意见。

(4)值班站长不能直接指出售票员没有错,而是应该向乘客委婉的解释,并表示歉意,给乘客一个台阶。

4.包容乘客原则

包容乘客就是指站务员对乘客的一些错误行为给予理解和宽容。包容乘客的核心是善意的理解。当发现乘客的某些行为违反规定时,只要给予乘客善意的提醒即可。站务员要懂得体谅乘客,避免让乘客处于难堪的状态。虽然乘客的投诉并不都是对的,但那种得理不让人的解决方法,必将会造成双方的关系紧张而不利于问题的解决。如果站务员能够包容乘客,那么由此而引发的冲突就可能避免。

　　某日,一位妈妈带着孩子在站台上候车,孩子刚喝完饮料,妈妈随手将饮料瓶扔到了地上,给孩子擦完嘴之后,又随即把纸巾扔到了地上,站务员上前制止,要求其捡起东西放进垃圾桶里,并且嘀咕道:"真没素质,孩子还在身边呢,以后怎么教育孩子?"这位乘客不乐意,和站务员争吵了起来……

事件分析:

　　(1)站务员制止乘客乱扔东西的行为值得肯定。

　　(2)站务员在制止乘客时带有主观情绪,对乘客犯错进行直接指责,态度不好。得理不饶人,让乘客觉得难堪。

服务技巧:

　　(1)在发现乘客有违规行为时,要特别注意服务态度,使用礼貌用语。

　　(2)我们要以宽容的心对待乘客的错误,耐心对乘客进行解释教育和提醒,给乘客一个承认错误、改正错误的台阶。

二　乘客正常投诉处理步骤

　　在处理投诉的过程中,我们会遇到各式各样的乘客。除了要好好把握乘客投诉处理的基本原则外,还需要掌握一定的处理技巧,只有这样我们才能更好地为乘客服务,提升城市轨道交通企业的服务质量。

1.安抚乘客情绪

　　乘客在现场投诉时,由于他们的期望没有得到有效满足,或者和工作人员之间的不愉快,往往会情绪激动,我们需要第一时间安抚乘客情绪。

2.确认乘客需求

　　当接到乘客投诉时,我们需要及时确认乘客需求。一般来说确认乘客需求包含三个方面:有效提问、积极倾听、及时确认。具体做法如下:

　　(1)有效提问

　　利用有效发问的方式理清现场情况,一般使用封闭性问题❶。

　　(2)积极倾听

　　我们始终要记得积极倾听的目的是理解乘客而不是去评论事件。乘客投诉需要有忠实的听众,工作人员喋喋不休的解释只会让乘客感觉在推卸责任,从而使乘客的心情更差。面对乘客的投诉,工作人员必须学会从倾听中掌握事情发生的细节,找出乘客投诉的真正原因以及其所期望的结果。倾听是一种情感活动,是要真正理解对方所说的意思。想要做到用

---

❶　封闭性问题即根据问题的可能的答案,提出固定答案供对方选择。这样可以容易回答,节约时间。同学们可查阅相关资料对"封闭性问题"展开自主学习。

心倾听我们需要注意以下几点：

①要有耐心。在乘客投诉的过程中，切忌轻易打断乘客，要仔细思考乘客提供的信息。应该花80%的时间去听，给乘客80%的时间去讲。倾听过程中要保持冷静的心态，不受其他事物的影响。

②学会回应。倾听的过程中要运用眼神、表情等非语言传播手段来表示自己在认真倾听。尽可能以柔和的目光注视着对方，并通过点头等方式及时对对方的谈话做出反应。

③将心比心。站在乘客的角度考虑问题，将心比心地感受乘客的心情，这是真正能听到乘客心声的好办法，是乘客服务中不可或缺的沟通技巧。

④不要挑对方的毛病。倾听时不要当场提出自己的批判性意见，更不要与对方争论，尽量避免使用否定别人的回答或评论式的回答，如"不太可能""我认为不该这样"等。应该站在对方的立场去倾听，努力理解对方所说的每一句话。

积极倾听的具体做法见表5-2。

积 极 倾 听   表 5-2

要	不 要
1.乘客投诉到车站时，应先请乘客坐下并及时给乘客倒水，表示对乘客的尊重 2.乘客叙述时要用心倾听，让乘客发泄情绪。在倾听过程中，可以插入"我理解""我明白"这样的话语来表示对乘客的重视与理解 3.如果有不明白的地方，要等乘客说完后，以婉转的方式请乘客提供情况，如："对不起，是不是可以再向您请教……" 4.适当安抚乘客情绪。如"请您别着急""您先消消气"等	1.态度冷漠，对乘客的话没有回应 2.观点不同时，粗暴地打断乘客 3.表示出不满或不耐烦

💻 小贴士

倾听的目的是让乘客把想说的话都说出来，让乘客一吐为快，然后才有协商的余地，其实有些乘客只要能全部倾吐就能解决全部问题，由于员工态度不佳而引发乘客的不满，这是得不偿失的。

（3）及时确认

及时进行总结归纳，确认双方的理解是否一致，关注点是否统一。

3.真诚道歉

当乘客抱怨或投诉时，无论是否是工作人员的原因，都要诚心地向乘客道歉，并对乘客提出的问题表示感谢。尤其是在工作确实有过失的情况下，更应该马上道歉，如"对不起，给您添麻烦了"。这样，可以让乘客感到自己受到了重视。具体做法见表5-3。

真 诚 道 歉　　　　　　　　　　　　　　　　　　　　表 5-3

要	不 要
1.适当地表示歉意。让乘客了解你非常关心对方的情况,如"我们非常抱歉听到此事。" 2.道歉要诚恳。如"对不起,耽误您的时间了。"	1.认为自己的行为没有错误,拒绝道歉 2.道歉缺乏诚意,语音语调或肢体语言表现出不乐意或不耐烦

4.协商解决

协商解决主要包含三步:主动阐述观点、处理异议、达成协议。主动阐述观点是指在倾听乘客投诉并了解乘客想法之后,主动提出解决方案,注意不要让乘客自己提出方案。乘客表示异议时,需要询问确认乘客异议种类及真实原因,原则问题保持立场,细枝末节有条件妥协,具体做法见表 5-4。

阐 述 观 点　　　　　　　　　　　　　　　　　　　　表 5-4

要	不 要
1.平复乘客的不满情绪。如"我很能理解您的想法。" 2.主动提出建议和解决方法。如果是因为票卡(款)等问题,可以根据乘客的意见和表现出来的意思,结合实际情况,提出措施;如果是因为对服务人员的态度不满,则要考虑采取让服务人员本人道歉或由值班站长替代道歉等办法,平息乘客的不满情绪 3.耐心解释地铁的相关规定 4.提出解决方案时,应语调平和,态度诚恳,不要再次引起乘客的不满情绪。如"这样处理,您看行吗?""我们这样办,您看合适吗?"	1.推卸责任、极力辩解 2.指责乘客 3.敷衍乘客

💻 **小贴士**

请记住:在协商解决时,不要说"不"。如果你用"我不能""我不会""我不应该"这样的话语,会让乘客感到你不能帮助他。你可以反过来这样说:"我们能为您做的是……""我很愿意为您做……""我能帮您做……"这样,乘客的注意力就会集中在可能的解决办法上,你就能创造一个积极正面、试图解决问题的氛围。

5.快速采取措施

乘客同意处理意见后,工作人员需要说到做到,而且是马上做到,速度很关键。快速地采取措施就是对乘客最大的尊重。一方面,耽误时间有可能引起乘客的进一步不满;另一方面,耽误时间还有可能引起乘客改变先前已经协商好的解决措施。如果遇到被投诉的员工不在现场的情况,可以采取电话道歉、书面道歉等处理方式。

对于那些不能立即实现的措施,工作人员应坦诚地告诉乘客企业正在办理,并把处理过程中的相关情况及时反馈给乘客,让乘客了解他们的问题正在得到解决。

> **小贴士**
>
> 一旦发生投诉必须马上处理。拖延处理乘客的投诉，是导致乘客产生新的抱怨的根源。即使是与车站员工无关的投诉也应代表车站主动承担责任，积极化解矛盾。

6.感谢乘客

对待乘客的投诉一定要表示感谢，感谢乘客选择我们的服务并发现服务中的不足。因为这些批评指导意见会协助企业提高管理水平和服务质量。具体做法见表5-5。

感 谢 乘 客   表5-5

要	不 要
1.对乘客表示感谢。如"谢谢您的配合""非常感谢您的建议。" 2.必要时送乘客出站，让乘客感到自己受到重视	1.怠慢乘客，自己先行离开 2.让乘客自行离开

三　乘客正常投诉案例分析

1.因服务态度不好引发的投诉

案例一

乘客李某与父亲到北京旅游，购买单程票后陆续刷卡进站，由于李某的父亲不会使用单程票，在刷卡后未及时进站，闸机扇门关闭，老人默然地站在闸机通道内，闸机报警提示铃鸣响。站务员站在检票室门口喊"往后站、往后站"。李某找站务员寻求帮助，站务员边走边说"往后站，你票呢"。李某的父亲将单程票递给站务员，站务员用手持机查验车票后，边刷工作票边说"赶紧进去"。李某称"什么态度，你服务号多少"，站务员边捂着服务牌边说"怎么啦，你要干嘛"。李某的父亲拉着李某离开。乘客不满意找值班站长投诉。

投诉原因分析

(1)站务员未认真观察乘客进站状态，缺乏主动服务意识和工作责任心。

(2)在听到设备报警后，没有及时上前了解情况而是进行主观臆测。

(3)服务意识淡漠，没有对特殊乘客进行特殊关照，没有及时为乘客处理好票卡事宜。

(4)没有使用文明用语，服务语言不规范，服务态度生硬。

投诉处理技巧

(1)先安抚乘客情绪，对站务员的服务态度及做法进行道歉，同时向乘客表示，对员工要进一步加强服务态度的再教育。

(2)要求当事站务员主动向李某父亲及李某道歉。

改善与建议

(1)在执岗中加强对闸机的巡视，注意特殊群体乘客，听到闸机报警，主动上前了解情况，提供帮助。

(2)当被指责服务态度不好时，要及时反思，对自己的沟通方式对乘客带来不悦表示道歉。

案例二

某日,客流高峰期,乘客非常多,车门即将关闭的提示音已经响起,一位乘客企图冲上车,被一位客运服务人员拦住了(因为客运服务人员觉得很危险,拽了这个乘客一下,可能是弄痛了乘客)。这位乘客非常气愤,直接就骂了句粗话,说:"你以为你是谁啊,你凭什么拉我,弄伤了你负责吗……"客运服务人员态度也不是很好:"你没看见车门关上了吗……",两个人争吵了起来,乘客投诉。

投诉原因分析

(1)客运服务人员为了乘客的安全阻止乘客上车,这个出发点是对的。但客运服务人员和乘客发生了直接的碰撞,这是乘客生气的原因。

(2)在乘客怒气冲冲地抱怨时,客运服务人员没有意识到自己做法的不当之处,不仅没有向乘客道歉,反而和乘客争执了起来,使冲突升级。

投诉处理技巧

(1)对于由工作人员的态度而引起的乘客投诉,在处理过程中,一定要先照顾到乘客的情感需求和情绪,先向乘客表示歉意。

(2)在平息了乘客的情绪后,耐心地向乘客解释原因,再次对工作人员的不合适做法向乘客表示歉意,并对乘客的配合表示感谢。

改善与建议

(1)在阻止乘客上车时,应尽量避免和乘客发生直接碰触,减少纠纷的发生。

(2)在遇见有乘客说粗话骂人时,不应该予以直接反击,只能提醒乘客,否则只能使冲突升级。

2. 因工作人员的不作为引起的投诉

一日,某乘客下车后,向站台上正在从事维修工作的人员反映车厢内有乞讨人员乞讨,而工作人员却冷漠地说:"我们又没有办法,这不归我管。"引起乘客不满,乘客投诉。

投诉原因分析

乘客所反映的问题确实超出车站维修人员的范围,但在乘客眼中,维修人员也是城市轨道交通的员工,乘客都表示关心的问题,作为员工却说没有办法,这样的回答势必会在乘客心中造成推卸责任的印象。

投诉处理技巧

这是由于工作人员的不作为引起的投诉。在处理过程中,我们要先向乘客道歉,主动承认我们的工作失误,并向乘客提出的问题表示感谢,并承诺车站一定会积极处理。在该乘客同意的情况下,可以请对方留下姓名和联系电话,并告知主管部门会将处理情况反馈给对方。

改善与建议

乘客主动提出意见和建议,实质上是为了改善车站工作,应该要虚心接受,热情对待。

3. 因工作人员业务能力不强而引起的投诉

案例一

某日,乘客在某站刷卡后不能正常出站,到售票亭进行票务处理,票务员直接为乘客补了进站记录，并提醒乘客："您下次进站时，别忘了刷卡。"乘客感到疑惑，到查询机查询后，发现扣了两次款，乘客投诉。

投诉原因分析

站务员没有弄清事实，只是臆测行事。经查询，当时乘客实际上已刷上出站记录，可能是因为乘客刷卡时走错了闸机通道，或刷卡后未马上通过闸机，而站务员没有查询就直接主观认为乘客没有刷卡进站，导致乘客的票卡二次扣款。

投诉处理的技巧

该投诉中，工作人员的服务态度没有明显错误。在处理过程中，我们需要重点就票务人员的工作失误向乘客道歉，并赔偿乘客的经济损失。

改善与建议

发现票卡无法正常进出站时，票务人员不能主观臆断，应礼貌地先了解原因。在处理车票问题时，工作人员应加强责任心。

案例二

某乘客在车站利用自助售票设备购票，投入10元纸币并进行相应操作后，设备没有出车票和找零，随后设备处于暂停服务模式。于是乘客找到当事员工询问如何处理，该员工简单地对设备进行了检查，没有找到乘客的钱和票，于是表示不能帮乘客解决。于是乘客很不满意找到值班站长要求处理。

投诉原因分析

（1）事件产生的直接原因是设备出现了故障，导致乘客无法正常购票。

（2）工作人员业务能力不过关，对设备不熟悉，给出无法处理的错误信息，引发乘客不满意。

（3）缺乏主动服务的意识，对乘客提出的合理要求，没有给予足够的重视。

投诉处理技巧

（1）车站值班站长了解到此事后，向乘客道歉，安抚乘客急躁心理并表示会马上为乘客解决。

（2）值班站长与乘客一同到乘客当时购票的自助设备处，对设备进行仔细检查，取回乘客的纸币，并帮助乘客购票。

（3）对于给乘客带来的不便再次表示歉意，并表示要加强员工的业务能力培养。

改善与建议

（1）工作人员应主动耐心受理乘客提出的问题，本着现场快速处理的原则，耐心细致地为乘客进行车票处理，切忌态度冷漠、推托搪塞、不重视乘客的问题。

（2）当设备故障时，工作人员因经验不足，无法自己单独处理时，应及时寻求值班站长等其他经验丰富的高技能工作人员协助处理，让乘客感受到工作人员真诚积极地为其处理问题，切忌拖延时间、处理动作缓慢，致使乘客不满。

4. 因乘客不了解地铁规定而引起的投诉

某日早高峰，乘客王女士反映，自己用10元钱在自助机具上购票，原本想买一张票，由于自己按错了键，出了3张票，乘客找到车站人员要求退掉多余的2张票，站务人员说："不是因为地铁原因，售出的票不能办理退票，请原谅。"

为此,王女士表示不满,但站务人员仍坚持说不能退。几分钟后,值班站长来到现场,王女士又向值班站长复述了一遍,值班站长向乘客解释说,按规定是不应给您退的,今天给您退了票,以后您再买票时别再多买了,最后终于为乘客办理了退票。乘客王女士向热线反映:虽然退了票,但她一天的心情都非常的不好,总是想不开,地铁这样大的企业,解决这样小小的问题怎么就这么难?工作人员在呼唤值班站长前来处理后也不再理她了,值班站长来了后又把乘客"教育"了一遍,乘客感到,她从等值班站长的到来,再到听值班站长的"教育",整个过程简直是在被"展览"。

投诉原因分析

(1)乘客要求退票,站务员按照地铁规定没有灵活处理。

(2)为乘客解决问题时态度生硬,没有考虑乘客的感受,乘客服务体验不好,感觉到自己被晾在一边,还被教育。

投诉处理技巧

(1)针对乘客提出要退票的问题,作为站务人员首先应对乘客说"对不起,公司有规定不能为您办理退票,请您原谅"。

(2)随后应把乘客引导到乘客较少的地方,使其避开其他乘客的注意,向乘客出示《××市地下轨道交通车票使用办法》的规定,向乘客进行宣传解释。

(3)如乘客仍坚持要退票,站务人员可采取"灵活处理"的工作方法,协助乘客将车票转售给其他乘客,并协助购票乘客进站,让乘客满意。

改善与建议

(1)在车站现场,站务人员在工作中遇到对购票程序不熟悉的乘客可主动上前进行帮助,应对乘客提出的问题做出快速反应。即使不是自己的责任或与自己无关的事情也是如此。因为对乘客而言,你所面对的是地铁企业,而不是你自己;换言之,车站中的每一位员工都代表着地铁企业,都是企业的代表。

(2)要采用"异人异地"和"灵活处理"的工作方法,处理乘客提出的问题时一定要给乘客留面子,如果车站现场乘客很多,只会增加乘客的不安;如果我们能够自然地展示笑容,并用主动积极的态度与乘客沟通,而不是用埋怨、教育的口气,就能很大程度避免乘客投诉。

5.多原因引起的乘客投诉

案例一

有一名乘客来到乘客服务中心,认为大概半小时以前售票员少找给他50元钱,售票员在听取情况后,个人认为不会少找钱给乘客,直接就和乘客说:"我都售票这么长时间了,不可能出现少找给您钱的情况。"乘客很激动,开始指责售票员,并要求找值班站长投诉……

投诉原因分析

(1)售票员在售票过程中,没有严格按照售票作业程序进行售票,导致乘客怀疑售票员少找钱给他,是和乘客发生纠纷的主要原因。

(2)当乘客回来说少找钱的时候,售票员没有认真做好乘客安抚工作,而是一口咬定自己没有少找钱,导致乘客情绪激动。

投诉处理技巧

（1）当乘客认为票款不符时，应耐心地向乘客解释："对不起，我们的票款是当面点清的，请您再确认一下您的票款是否正确，多谢。"

（2）如果乘客坚持认为少找钱，应先安抚乘客，平息乘客的情绪，然后提出解决方案：请求上报车站控制室进行查账，最终确定乘客的反映是否属实。

（3）如果属实，需要向乘客道歉，并退还少找的钱款；如果不属实，应该耐心地向乘客解释，做好安抚工作："对不起，经我们查实，我们的票款没有差错，请您谅解。"如果乘客为难工作人员，可以请求公安的配合。

改善与建议

售票员应该严格按照标准售票作业程序操作，并提醒乘客当面点清票款。

案例二

有两位乘客持同一张公交一卡通进站，当一名乘客刷卡进站后，把一卡通给了同行的人，另外一名乘客无法刷卡进站，因客流量较多，该站票务员没有问清原因，直接对一卡通进行了进站更新，另外一名乘客也顺利进站，但出站时被客运服务人员发现，要求其补票。乘客不满意，认为已经刷过两次并扣完钱了，坚持不肯补票，客运服务人员则主观臆断他们违规使用车票，故意逃票，发生争执。

投诉原因分析

（1）票务员帮助乘客更新车票时没有了解和确认原因，造成一票多人进站，给后来纠纷的发生埋下了种子。

（2）乘客不清楚票务政策，认为已经扣过两次钱，导致乘客和客运服务人员发生争执。

（3）客运服务人员主观意识过强，认为是乘客故意逃票，导致乘客和客运服务人员的纠纷升级。

投诉处理技巧

（1）发现情况后，客运服务人员不能主观臆断，应该礼貌地先了解原因。

（2）对票务员的工作失误向乘客表示抱歉，并向乘客做好票务政策的解释，注意在和乘客沟通的过程中应耐心地使用礼貌用语。

（3）如果乘客同意补票，客运服务人员应向乘客表示感谢。如："谢谢您的理解和配合。"

改善与建议

员工在处理乘客车票时，应加强工作的责任心。当乘客持一卡通无法进站时，应先向乘客确认是否是一票多人进站。

任务实施

乘客正常投诉处理演练

任务描述：设置投诉情境，按照投诉处理流程完成投诉处理演练。

任务要求：

（1）采取小组对抗的方式，抽签确定乘客组和对应工作人员组，乘客组成员扮演乘客，再现投诉情境，工作人员组需要对投诉进行现场处理。

（2）3～5人一组，乘客组根据收集的正常投诉案例设置正常投诉情境，确保正常投诉案例的真实性，工作人员组按照车站站务员、值班站长的角色，进行投诉处理演练。

（3）两组上台演练，其余组根据两组组员的现场表现进行打分。

任务评价

乘客投诉处理评分表见表5-6。

乘客投诉处理评分表 表5-6

评分标准		得 分	备 注
情境设置 （30分）	情境总体设置合理，符合乘客实际（10分）		
	组员表演流畅，语言表达适合当时情境，没有故意刁难（10分）		
	组员演示过程中没有笑场（5分）		
	情境设置难度合理（5分）		
投诉处理 （70分）	乘客情绪安抚恰当（10分）		
	积极倾听乘客投诉（10分）		
	乘客投诉原因和期望判断正确（10分）		
	解决方案合理有效（20分）		
	投诉处理过程中语言得体，不急不躁（10分）		
	投诉处理结果令人满意（10分）		

知识巩固

一、简答题

1. 什么是乘客投诉？产生乘客投诉的原因有哪些？
2. 简述处理乘客投诉的基本原则。
3. 简述处理乘客投诉的常用技巧。

二、案例分析

某日，一名男性乘客拿着伤残军人证换福利票，经售票员辨认是伪造证件，售票员丝毫没有顾及乘客面子，大声指出该证件是伪造的，不同意为其换取福利票，乘客觉得没有面子，开口就骂"××××，我的证件没有问题，……"和售票员吵了起来，影响了售票员对后面乘客的服务，一分钟之后，站务员请求值班站长协助处理，乘客边骂边离开了车站。

思考：

（1）在该案例中，售票员哪些地方做得不合适呢？
（2）乘客和售票员争吵的主要原因是什么？如何避免该乘客再次利用伪证？
（3）如果你是售票员，你会如何处理？

任务三　乘客非正常投诉处理

任务目标

知识目标
1. 掌握非正常投诉的定义和基本特征。
2. 掌握非正常投诉处理的基本原则。

能力目标
1. 能够判断受理的投诉属于非正常投诉。
2. 能够根据非正常投诉处理的原则，利用法律法规来进行非正常投诉处理。

素质目标
1. 培养抗压能力。
2. 培养沟通协调能力。

任务引入

某日8:00，上海的黄先生从南京东路坐2号线到世纪公园，该次地铁在上海科技馆和世纪公园站跳站不停车，但直到地铁快到世纪大道站（上海科技馆的上一站）时才开始报跳站信息。黄先生向地铁公司反映情况，并进行投诉。

之后，投诉不断发酵，有自媒体发了一条黄先生投诉上海地铁的录音，录音中的黄先生态度嚣张，自称是厉害人物，把"踏平地铁站"挂在嘴边。录音中，黄先生脏话不断，对地铁工作人员也有羞辱之意。

对此，上海地铁表示，该事件中的黄某长时间反复投诉，据不完全统计，通过客服电话，黄某已累计投诉三百余次。其无理占用行车专用电话和公共服务资源，随意辱骂、威胁、反复挑衅地铁基层员工，进行人身攻击，借投诉之名提出超出工作人员职责范围的无理要求，干扰妨碍日常工作秩序。为此，地铁运营方已采取必要措施，并联系相关部门依法开展调查处置工作。

想一想：案例中的黄先生投诉地铁有理有据，为什么地铁会联系相关部门对乘客投诉开展调查处置工作？

📖 **知识准备**

一　非正常投诉的定义

地铁乘客投诉是乘客的服务体验没有达到预期期望,向地铁运营方提出不满意的一种表示。而投诉处理,则是对运营企业过失或瑕疵的一种弥补措施。在乘客对地铁的投诉中,绝大多数都是正常投诉,只有极少一部分属于非正常投诉。

非正常投诉是指在非正常心理支配下,投诉者往往采用非正常手段和方法,并往往通过非正常渠道,向组织提出的超过或高于法律、法规、规章、政策、惯例规定及双方约定要求,并使组织难以实现或根本无法实现并往往对组织产生负面影响、甚至造成重大损失的投诉。

非正常投诉不仅会侵害企业的合法权益,侵犯被投诉企业员工人身权利,还会破坏企业生产经营秩序和市场经济秩序。

投诉是正常的,但过高的无理的要求以及伴随而来的种种非正常现象,发展下去就会导致企业利益受损,所以对于地铁运营企业必须对这些非正常投诉做出及时有效的回应和处理。

二　常见的非正常投诉举例

1.无理索赔

无理索赔是指违反国家法律、法规和政策规定,或不按对方约定条件和标准向被投诉方提出的不合理索赔以及其他无理要求,无理索赔是非正常投诉最明显的问题,也是所有非正常投诉都会遇到的问题,但不是所有无理索赔的投诉都属于非正常投诉。

🎓 **想一想**

某日,一女子发视频要求上海地铁赔偿其行李箱。据悉,该女子称此次是带着孩子来上海旅游的,拖着二十多公斤的行李箱在地铁经过留着缝隙的下水道板时,行李箱轮子被卡在缝隙中,最后在地铁工作人员的帮助下,行李箱虽然被取出但是轮子断了。对此,女子对着镜头强调自己的诉求很简单:"赔我一个新的行李箱。"

据了解,这名女子在行李箱轮子卡在缝隙里以后,求助了地铁的工作人员。工作人员也提前告知了这名女子,取出来可能会导致轮子出现损坏,后来也的确如此。而这名女子就表示这件事的起因都是因为这个路面设计不合理导致的,所以她强烈要求地铁站方面赔偿自己一个新的行李箱。不过她的这些诉求最后都被地铁工作人员拒绝了。

讨论:

案例中的女子要求索赔是否合理?是否属于无理索赔?该投诉是否属于非正常投诉?

2.不出具法定证据、恶意炒作

某些非正常投诉者带有明显的炒作色彩,煽情、作秀、无事生非是其典型的表现,他们以受害者自居,利用善良的人们同情弱者的心理,扩大事态,败坏企业名誉和产品信誉。表现为在投诉时,往往不出示相关证据,或者不出示符合法律规定的证据,甚至伪造证据等。

169

3.投诉者本身有特殊情况

有些非正常投诉者可能本身就蛮不讲理，在投诉时，往往提出不合理要求，不满足就采取极端的方式迫使企业妥协。地铁内有相当一部分非正常投诉均属于此种情况。

4.不断给企业施加压力

有小部分投诉者会利用企业的微小疏漏或非原则过失，故意挑起事端，以莫须有的罪名向企业发难。此阶段常用的手段是通过电话、传真、电邮等途径，"告诉"企业，"你的产品或服务出问题了"，要求企业立即答复，否则将如何如何。然后会提出初步"索赔条件"，看企业反应。如企业态度软弱，有机可乘，便开始加码。如企业反应强硬，坚持查明事件真相后再行处理，则发出威胁，以通过媒体曝光、向政府有关部门反映等相要挟，迫使企业低头。投诉者会挑动不明真相的媒体介入，开始曝光，企图利用舆论影响，扩大"战果"，使企业有口难辩，处于孤立无援状态。地铁运营企业大多成熟，所以这种投诉者比例极低。

三　非正常投诉处理的基本原则

1.快速果断

非正常投诉必须当机立断，迅速做出反应，果断处理，尽可能将其消灭在萌芽状态，以免事态扩大。

2.重要原则问题要坚持，其余问题可适时妥协

遇到非正常投诉时，头脑要冷静，特别是对待非恶意的投诉者，尽量采取大事化小，小事化了的原则，注意方式和态度，既不要扩大矛盾，也不要息事宁人地全部答应下来。对于重大原则问题要坚持和谨慎，尤其是一些需要走司法程序的问题一定通过司法程序解决。

3.冷处理原则

对于不是无理取闹的投诉者，我们可以适时采取冷处理的方法，对于一些投诉者来说，当企业据理力争，掌握充分证据并且坚持原则不让步时，很有可能变得理智起来或者要找台阶下，这个时候，建议双方都冷静一下，搁置一下，重新考虑自己的主张。

4.以法律规定为依据，保留原始材料

不管非正常投诉会向什么方向发展，最后总归要受到相关法律法规的约束，作为工作人员要以法律法规为依据，并做好原始记录，包括凭证、证人、录音、录像等，必要时可以向公安求助。

四　案例分析

某日，乘客王先生和冯女士在某站准备乘电梯出站，王先生顺利乘上电梯，冯女士因为查看手机不慎摔伤并导致停梯，车站值班站长立即到达现场解决问题，当事人要求地铁方负责一切后果并立即出钱带人看病，未果。王先生随即把住在附近的其他两名家属叫来，看到当事人伤得很严重家属情绪异常激动，声称如果地铁方不答应要求就立即拨打"110"并找亲戚联系媒体记者来现场了解报道此事。后经医生诊断，冯女士手指、腕部、肩部多处骨折，治疗方案除正常打石膏外，还要更换肩关节，家属已付医疗费用五万余元。

实际处置过程

(1)事件发生后值班站长迅速赶往现场进行先期处置,及时上报站区领导及生产调度室。

(2)车站值班站长派工作人员陪同家属将伤者送至医院诊治。

(3)站区有关负责人到医院看望冯女士,安抚伤者及其家属情绪。

(4)站区有关负责人多次与其家属充分沟通,出示现场录像、电梯合格证明及相关法律法规,做详细解释说明。

(5)乘客承认地铁无责,医疗及其他费用自理。

总结与提高

(1)遇到乘客意外伤害时应遵循"依法办理、按责论处、适时安抚、合理处理和控制费用"的处理原则。

(2)车站综控员应在室内认真监视各种设备,发现问题应立即上报。在岗位规定和工作条件允许的情况下,立即赶往现场进行先期处置,积极主动上前安抚,不要随便移动伤者,切忌不理不睬。

(3)证据是证明事件事实的依据,是解决各类纠纷问题及客伤事件的核心。必须要以事实为依据,以法律为准绳。当地铁车站内出现客伤事件后,必须要做好几方面的工作:

一是请主管部室帮助调取事发当日录像。

二是请主管部室或设备单位提供设备设施安全合格证明。

三是提供相关城市的《城市轨道交通安全运营管理办法》有关内容,如"运营单位应当对运营过程中乘客的伤亡承担损害赔偿责任,但是伤亡是乘客自身健康原因造成的或者运营单位证明伤亡是乘客故意、重大过失原因造成的除外",证明是乘客自身原因造成的由乘客自理相关费用,确认是地铁设备故障造成的由地铁方负责。

四是及时使用手机、照相机等工具对事发现场及与乘客沟通解决过程进行拍照、录音和录像,需要提醒的是拍照时尽量照当事人正面,更有利于后期事情的解决。

五是尽最大可能寻找两名地铁员工以外的现场目击证人,经询问事情经过后留下书面证词及联系方式,如乘客着急离去留下联系方式即可。

📖 任务实施

乘客非正常投诉处理演练

任务描述:收集非正常投诉案例,并进行处理演练。

任务要求:

(1)采取小组对抗的方式,抽签确定乘客组和对应工作人员组,乘客组成员负责扮演乘客,再现投诉情境,工作人员组需要对投诉进行现场处理。

(2)3~5人一组,乘客组根据收集的非正常投诉案例设置非正常投诉情境,确保非正常投诉案例的真实性,工作人员组按照车站站务员、值班站长的角色,进行投诉处理演练。

(3)演练之前,乘客组需要选派一名组员进行投诉案例介绍。

(4)两组上台演练,其余组根据两组组员的现场表现进行打分。

(5)演练结束后,乘客组与工作组互换角色。

任务评价

非正常投诉处理演练评分表见表5-7。

非正常投诉处理演练评分表
表5-7

评分项目	评分标准	得 分	备 注
情境设置 （40分）	情境总体设置合理,符合实际(10分)		
	组员表演流畅,语言表达适合当时情境,没有蛮不讲理(10分)		
	组员演示过程中没有笑场(10分)		
	情境设置难度适宜(10分)		
投诉处理 （60分）	乘客情绪安抚周到(10分)		
	积极倾听乘客投诉(10分)		
	乘客投诉原因和期望判断正确(10分)		
	坚持原则不妥协(20分)		
	以法律规定为依据,收集原始资料(10分)		

知识巩固

一、简答题

1.非正常投诉的定义是什么?

2.非正常投诉的基本特征是什么?

3.非正常投诉处理的基本原则是什么?

二、案例分析题

判断下列投诉案例是否属于非正常投诉? 如果你是工作人员,会如何处理?

某天,一位热心乘客找到车站员工说:"出入口步行梯处有一六十多岁的老太太卧地不起。"值班站长立刻到达现场进行确认。经询问,乘客称自己在下楼梯时不慎摔倒。值班站长对乘客的伤情进行了询问,并对乘客摔伤的过程进行了解,同时立刻查看现场情况,楼梯处无任何水渍、油渍或垃圾可能导致乘客滑倒。乘客称不知道原因,不注意就在楼梯处滑倒了。值班站长再次对乘客伤情进行询问,乘客称自己感觉好多了,没什么大事,由于身上没带任何现金,请求站方能否给予一些医药费,去医院上些药即可。经协商,值班站长交给乘客80元,乘客离开车站。几日后,乘客回到车站,称到医院检查后发现问题较严重,向车站提出5000元索赔。当车站提出乘客为自身原因不慎摔倒时,乘客拿出一塑料袋,并称当日是因为踩到此塑料袋导致在楼梯处滑倒,为保护证物,当日便将其收起。由于乘客前后说法出入较大,且此事件又是由于乘客自身不慎摔倒所致,所以站方拒绝了乘客的赔偿要求。之后乘客又多次找到站方进行协商,在与站方无法达成协商一致的情况下,乘客找到北京地铁运营公司投诉,并就此事多次进行上访。

项目六

乘客服务质量改进

项目说明

现阶段，城市轨道交通建设快速发展，提高乘客服务水平，提升服务质量，打造城市轨道交通的优质服务品牌是各运营企业的共同目标。城市轨道交通服务质量评价就是通过定性或定量的方法，了解乘客对服务水平的期望，并将其与已提供的服务水平进行比较，找出其中的差距，为进一步提高服务质量奠定基础。服务质量评价的最终目的是在追求乘客满意和忠诚的同时减少服务差错和弥补服务缺陷。

本项目将围绕城市轨道交通服务质量认知、城市轨道交通服务质量评价两方面展开教学。

项目目标

◎ **知识目标**

1. 掌握城市轨道交通服务质量的定义。

2. 掌握服务质量评价指标体系的种类和计算方式。

3. 掌握城市轨道交通服务质量评价方法。

◎ **能力目标**

1. 能够根据收集的数据计算城市轨道交通服务质量评价指标。

2. 能够通过服务质量评价方法对具体的线路进行服务质量评价。

◎ **素质目标**

1. 培养实事求是的工作作风,要根据评价指标等一系列数据来分析服务的水平。

2. 培养团队意识,每个指标的提高都需要各个岗位之间的团结协作。

3. 培养实事求是的工作作风,每份调查问卷必须真实有效,不能作假。

◎ **建议学时**

6 学时。

任务一 城市轨道交通服务质量认知

任务目标

知识目标

1. 了解服务质量的定义。
2. 了解城市轨道交通服务质量的主要内容。
3. 掌握服务质量评价指标体系的种类和计算方式。

能力目标

1. 能够根据收集的数据计算城市轨道交通服务质量评价指标。
2. 能够通过服务质量评价指标分析服务的薄弱环节。

素质目标

1. 培养实事求是的工作作风,要根据评价指标等一系列数据来分析服务的不足。
2. 培养的团队意识,每个指标的提高都需要各个岗位之间的团结协作。

任务引入

北京地铁采取多项措施提升服务质量(2018)

(1)北京地铁投入了大量资金和人力,对1、2号线、首都机场线等16座车站的卫生间进行了升级改造,通过卫生间除味、安装通风装置等措施,使得卫生间的空气质量有了明显提升,除去了异味,让乘客再也不用忍受异味带来的困扰。

(2)对车站内的导流围栏进行梳理,根据客流量及时进行调整和优化,从而极大减少了乘客排队绕行的时间。

(3)加大了 AED 的普及力度,努力实现所有车站全覆盖,同时也加强了对工作人员的 AED 使用资质培训,提高了应急服务能力,从而有力地保障乘客的人身安全。

西安地铁服务第十四届全运会,采取多项措施提升服务质量(2021)

(1)擦洗换新乘车环境,更换翻新门匾,打胶修整洁具,处理乘车导向标志及疏散指示,清洗灯罩,更换灯具,加装无障碍直梯镜面及无障碍卫生间手持龙头……在地铁青年们的共同努力下,顺利完成了所辖车站出入口和公共区环境美化提升工作。

(2)为满足防控要求,扎实开展消毒消杀工作。目前已完成11000余个风口、388台空调机组滤网和6万多平方米风道的第79轮清洗消毒工作,全力为乘客提供安全、放心的出行环境。

（3）在客流量较大的地铁站内增设了移动"爱心母婴室"。移动母婴室灵活性高、私密性强、节约空间。在地铁钟楼站、北客站、大雁塔站、玉祥门站的移动母婴室,配备了婴儿护理台、哺乳椅、哺乳借力凳、小电视、吸奶器安全插座等设施。市民只需通过手机扫码开门解锁,即可在 $3m^2$ 的空间内完成哺乳、婴儿护理、更换尿布等。

讨论：

1.什么是服务质量？

2.服务质量通过什么体现出来？怎么判断服务质量好坏？

📖 知识准备

一 城市轨道交通服务质量的定义

服务质量的概念是从有形产品的质量概念引进而来。服务的抽象性、差异性和不可分离性等特性,使服务质量的概念和有形产品的质量概念在内涵上有很大的不同。

《城市轨道交通客运服务》（GB/T 22486—2008）中,对服务质量定义为:服务组织为乘客所提供服务的程度。

二 城市轨道交通服务质量的内容

（1）运输效率。包括平均乘车距离、服务范围、发车频率、运力、乘坐适合性（如对儿童、老人等）和可靠性等。

（2）换乘服务。包括步行、自行车、小汽车等交通方式之间的方便换乘,公共交通之间的换乘,轨道交通内部的换乘等。

（3）信息服务。包括一般信息（如运行时间、线路图、时刻表、动态提示信息、安全信息等）,必要信息（如可达性、标识标志、票务）,非正常状态信息（如事故、故障、事件信息）,以及信息交流（如投诉和建议）等。客运服务信息应说明信息来源,并向乘客提供有效性、可靠性、及时性的信息。

（4）时间效率。包括运行时间、行车守时性和准时性、平均候车时间、平均换乘时间。

（5）服务设施。包括服务设施舒适性、环境条件、补充服务设施（卫生间、通信设施、食品亭、商业和娱乐设施）等。

（6）治安与安全。包括治安设备、事故预防、紧急情况预案和紧急响应等。

（7）运营环境。包括通风、振动与噪声、尘土和垃圾、气味、视觉、电磁辐射与干扰等。

（8）乘客关怀。包括向乘客提供适宜或舒适的候车和乘车环境;残疾人、儿童、老年人、体能障碍者使用的设施设备;询问、投诉和赔偿服务;相应的环境信息、客流信息,对乘客拥有的（乘车、购票等）选择权等进行规定。还包括对长距离通勤乘客的候车、乘车舒适性,对骑自行车乘客的乘车和换乘进行规定,充分考虑和关心不同乘客的需要;服务人员精神面貌、服务技能和态度以及服务灵活性等。

（9）企业服务承诺。轨道交通客运服务机构应就其服务向乘客做出承诺,并通过多种方式向乘客和社会公布。出现意外情况或因某种需要,引起服务内容变化或服务质量变化时,要采用服务声明向乘客公示或向社会公布。

三　城市轨道交通服务质量的评价体系

虽然城市轨道交通建设和管理的情况各异,但提高乘客服务水平,打造城市轨道交通的优质服务品牌是各运营企业的共同目标。城市轨道交通服务水平评价体系如图 6-1 所示。

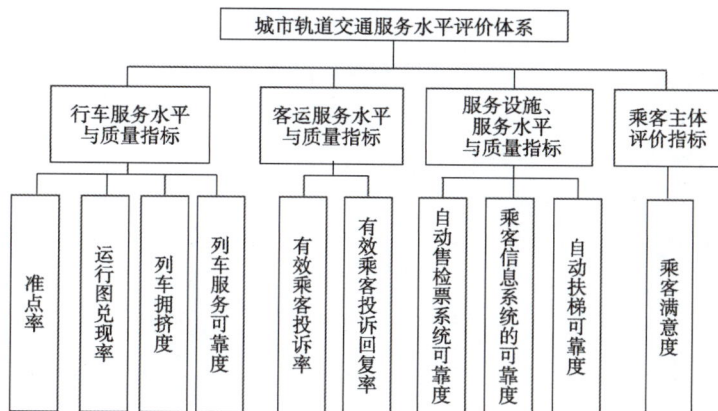

图 6-1　城市轨道交通服务水平评价体系

评价体系中,重要指标含义如下。

1. 准点率

准点列车次数与全部开行列车次数之比,用以表示运营列车按规定时间准点运行的程度。

$$准点率 = \frac{准点列车次数}{全部开行列车次数} \times 100\%$$

凡按运行图图定的时间运行,早晚不超过规定时间界限的为准点列车,准点的时间界限指终点到站时间误差小于或等于 2min 的列车(市域快速轨道交通系统除外);市域快速轨道交通系统准点的时间界限指终点到站时间误差小于或等于 3min 的列车。

> 🏛 **想一想**
>
> 列车准点率是属于行车服务指标,是不是准点率的高低只与司机和行车调度员有关系呢? 站务员的工作会不会影响列车的准点率?

2. 列车运行图兑现率

实际开行列车数与运行图图定开行列车数之比。实际开行列车数中不包括临时加开的列车数。

$$列车运行图兑现率 = \frac{实际开行列车数}{运行图图定开行列车数} \times 100\%$$

讨论：地铁内哪些事件可以影响运行图兑现率呢？如果发生此类事件站务员应如何做呢？

3.列车拥挤度

线路高峰小时平均断面客运量与线路实际运输能力之比，线路实际运输能力为列车定员和线路高峰小时发车量的乘积。

$$列车拥挤度 = \frac{高峰小时平均断面客流量}{线路实际运输能力} \times 100\%$$

想一想

如何降低拥挤度和满载率呢？对站务人员有什么要求呢？

4.列车服务可靠度

列车行走多少公里才遇到一次五分钟或以上的延误，数值越大，表明可靠度越高。

5.有效乘客投诉率

有效乘客投诉次数与客运量之比。

6.有效乘客投诉回复率

已经回复的有效乘客投诉次数与有效乘客投诉次数之比。有效乘客投诉是指在接到投诉之日起，7个工作日内回复的投诉。

7.自动售检票系统可靠度

(1)售票机可靠度：售票机实际服务时间与售票机应服务时间之比，实际服务时间包括正常的加票和加币时间。

(2)进出站闸机可靠度：进出站闸机实际服务时间与应服务时间之比。

8.自动扶梯可靠度

自动扶梯实际服务时间与应服务时间之比。

9.乘客信息系统可靠度

(1)车站乘客信息系统可靠度：车站乘客信息系统为实际服务时间与应服务时间之比。

(2)列车乘客信息系统可靠度：列车乘客信息系统实际服务时间与应服务时间之比。

知识链接

某地铁企业客运服务质量目标

1.安全可靠

正点运送的乘客占乘客总量的比例达到99.7%。

两次事故间平均列车车公里大于2000千车公里。

因事故造成的死亡事件发生频率为零。

2.高效便捷

(1)列车运行图兑现率(列车服务供应)达到99.92%。

(2)列车服务准点率按照列车偏离运行图正负1分钟以内为准点标准计算达到99.5%。

(3)列车平均旅行速度不低于33km/h。

(4)运营时间不低于《××市地铁运营有限公司运营服务质量标准》要求。

(5)列车发车间隔符合《××市地铁运营有限公司运营服务质量标准》要求。

(6)列车运行掉线率小于0.3次/万组公里。

3.功能完善

(1)售票、增值可靠度达到99.83%。

(2)闸机出入口可靠度99.9%。

(3)电梯可靠度99.9%。

(4)客运标志完好率达到98%。

(5)广播可靠度99.9%。

(6)时钟可靠度99.9%。

(7)无障碍设施可靠度达到99.9%。

(8)车站环境、服务设施执行地铁公司《服务质量标准》,兑现率达到100%。

(9)站、车公共区域卫生清洁度执行地铁公司《服务质量标准》,兑现率达到100%。

(10)紧急报警装置完好率达到100%。

(11)广告装置完好率达到100%。

4.低耗环保

(1)每车公里耗电量平均值不超过215千瓦时/百车公里。

(2)每人公里用水量,空调线路不超过0.73吨/万人公里。

5.文明舒心

(1)员工服务态度、服务语言及仪表执行地铁《服务质量标准》,兑现率达到100%。

(2)乘客有效投诉率小于0.1次/百万人次。

6.知名品牌

(1)乘客满意率达到90%。

(2)政府评价达到90%。

(3)媒体负面报道小于0.06起/百万人次。

(4)媒体评价率达到80%。

□□□□□□ ---

📖 任务实施

乘客满意度调查

任务描述:任选一个地铁车站,设计调查问卷,并完成乘客满意度调查。

任务要求:

(1)设计满意度调研表,调研表包含乘客乘车的全部环节。

(2)回收5份或5份以上有效调查问卷。

（3）针对调查问卷的调研结果,分析问题产生的原因。

任务评价

乘客满意度调研情况评价表见表6-1。

乘客满意度调研情况评价表   表6-1

考核项目	考核要求	得 分	备 注
1.调研表设计 （50分）	1.调研表设计科学合理（20分） 2.调研表设计覆盖乘客乘车的全过程（10分） 3.调研表设计的问题容易回答,客观题多,主观题少（20分）		
2.调查表回收 （30分）	1.回收问卷5份（10分） 2.回收问卷5～10份（20分） 3.回收问卷10份以上（30分）		
3.调研表分析 （20分）	1.根据调研表,车站问题总结正确全面（10分） 2.车站问题的原因分析合理（10分）		

知识巩固

一、不定项选择题

1. 根据《城市轨道交通服务质量评价规范》,城市轨道交通服务质量评价包括（　　）。

    A. 乘客满意度评价   B. 服务保障能力评价

    C. 运营服务关键指标评价   D. 服务人员数量评价

2. 下列哪些属于行车服务水平与质量指标（　　）。

    A. 列车准点率   B. 运行图兑现率

    C. 乘客满意度   D. 乘客信息系统可靠度

二、计算题

1. 某地铁线路运营一天开行列车700列,其中有一辆列车晚点1分钟,两辆列车晚点2分钟,一辆列车早点2分30秒,请计算该线路在当天的准点率。

2. 根据地铁1号线的运行图,平日每天发车300列,节假日发车350列,2021年9月2日,该地铁因为信号系统故障,发车295列,请问当天的运行图兑现率是多少?

三、简答题

1. 地铁服务质量指标可以分为几类?

2. 目前地铁公司判断列车满载率的方法有哪些?

任务二　城市轨道交通服务质量评价

📖 任务目标

知识目标

1. 了解城市轨道交通服务质量评价的分类。

2. 掌握城市轨道交通服务质量评价方法。

能力目标

1. 能够针对某条地铁线路,设计出相对科学的服务质量调查问卷。

2. 能够针对某条地铁线路进行服务质量评价和分析。

素质目标

1. 培养学生实事求是的工作作风,每一份调查问卷必须真实有效,不能作假。

2. 培养学生换位思考,站在乘客角度反思自身不足,真实接纳批评意见,这样才能不断提高自身的业务能力。

📖 任务引入

阅读交通运输部印发的《城市轨道交通服务质量评价管理办法》(交运规〔2019〕3 号),思考:

(1)从《城市轨道交通服务质量评价管理办法》中可以看出,现阶段城市轨道交通服务质量评价包含哪几个方面?

(2)为什么要对轨道交通服务质量进行评价? 多长时间评价一次?

城市轨道交通服务质量评价管理办法(节选)
2019 年 4 月 8 日

第二条　城市轨道交通运营(含初期运营)线路、运营单位和城市线网的服务质量评价工作适用本办法。

第五条　城市轨道交通运营主管部门应当按年度组织开展服务质量评价工作。新开通运营线路,自次年起开展服务质量评价。

第六条　城市轨道交通服务质量评价以线路为单位开展。城市轨道交通运营单位(以下简称运营单位)的服务质量得分,以其所辖线路的服务质量得分按各线路客运量加权平均后,根据运营单位工作表现情况加减分,再按所辖线路规模进行系数调整。

城市轨道交通线网的服务质量得分,以城市线网所有线路的服务质量得分按各线路客运量加权平均后,再按城市线网规模进行系数调整。

第七条 城市轨道交通服务质量评价应当依照本办法和部《城市轨道交通服务质量评价规范》要求开展,评价内容包括乘客满意度评价、服务保障能力评价及运营服务关键指标评价3个部分。

乘客满意度评价应当通过面访调查、网络调查、电话调查等方式开展。

服务保障能力评价应当通过实地体验、资料查阅、数据调取、人员询问、现场测试等方式开展。

运营服务关键指标评价涉及的数据应当符合有关规定,有条件的城市应当通过智能管理系统直接获取。

第十三条 城市轨道交通运营主管部门应于次年1月底前将年度服务质量评价报告书面报送城市人民政府,并抄送相关部门,为建立与运营安全和服务质量挂钩的财政补贴机制提供决策依据。

运营单位应当将服务质量评价结果纳入部门和人员日常工作评价、考核体系。鼓励运营单位建立与服务质量评价结果挂钩的薪酬管理制度。

第十四条 城市轨道交通运营主管部门应当将评价结果及发现的问题及时通报运营单位,督促运营单位采取有效措施,改善服务质量。

运营单位应当及时向城市轨道交通运营主管部门报送问题整改报告。对于规划建设运营单位应当及时向城市轨道交通运营主管部门报送问题整改报告。对于规划建设等遗留问题,暂不具备整改条件的,应当在整改报告中详细说明原因,并通过技术、管理等措施加以改进,在保障运营安全的基础上不断提升服务质量。

📖 知识准备

一　城市轨道交通服务质量评价的分类

按照评价的主体,城市轨道交通服务质量评价可分为政府评价、社会评价、企业评价和乘客评价。

1. 政府评价

政府评价主要针对城市轨道交通企业的管理及运营,侧重于企业所提供的服务水平,并对企业的等级进行划分。

2. 社会评价

社会评价主要侧重于企业所树立的社会形象和整体服务水平的辨识及评估,评价主体包括各类社会群体,如乘客、社会媒体、行业管理机构等。

3. 企业评价

企业评价主要是通过员工调查评价企业的内部服务质量,显示内部规章制度对服务质量的控制能力。

4.乘客评价

乘客评价是乘客根据实际的交通服务消费体验对城市轨道交通服务质量进行综合评价,其中最具影响力的是乘客满意度评价,对服务质量的改进更具有针对性。

二 城市轨道交通服务质量评价方法

有效实用的评价方法是服务质量评价的关键和难点。尽管众多学者花费了大量精力对服务质量测量方法进行研究并取得了很多成果,但在服务质量评价实践中,其方法和手段仍很落后。

按照评价标准来分,城市轨道交通服务质量评价方法主要包括两类,即软性评价和硬性测评。软性评价是指城市轨道交通企业通过调查乘客、员工和其他人员(如管理人员)对服务质量的主观评价方法。硬性评价是指城市轨道交通企业通过各种客观指标(例如硬件设施配置)衡量服务过程和结果的质量评价方法。

软性评价中常用的方法主要有 SERVQUAL 方法和步行穿越调查法。

1.SERVQUAL 方法

SERVQUAL 是 Service Quality(服务质量)的缩写,是衡量顾客对服务质量感知的有效工具。SERVQUAL 方法使用的基础模型是格罗鲁斯 1982 年提出的可感知服务质量模型和服务质量差异评价模型。评价方法完全建立在顾客感知的基础之上,即以顾客的主观认识来衡量服务质量。首先,度量顾客对服务的期望;然后,度量顾客对服务的感知,根据顾客对服务的感知与期望的差异比较,得出企业的服务质量;最后,将其作为判断服务质量水平的依据。

SERVQUAL 将服务质量分为 5 个层面。

(1)有形性(Tangibles):外观感受,包括实际设施、设备以及服务人员的外表等。

(2)可靠性(Reliability):是指可靠地、准确地履行服务承诺的能力。

(3)响应性(Responsiveness):也称回应性,指帮助顾客并迅速提高服务水平的愿望。

(4)保障性(Assurance):也称确实性,是指员工所具有的知识、礼节以及表达出自信与可信的能力。

(5)移情性(Empathy):也称关怀性,关心顾客并为顾客提供个性化服务。

每一层面又被细分为若干个问题,通过调查问卷的方式,让顾客对每个方面的期望值、实际感知值及最低可接受值进行评分,由其确定出相关的 22 个具体因素来说明。然后综合计算得出服务质量的分数。

①SERVQUAL 量表。

SERVQUAL 量表(表6-2)包括两个部分。第一部分包含 22 个小项目,记录了顾客对特定服务行业中优秀企业的期望。第二部分也包括 22 个项目,它度量消费者对这一行业中特定企业(即被评价的企业)的感知。顾客期望和感知问卷采用 7 分制,7 表示完全同意,1 表示完全不同意。然后把这两部分中得到的结果进行比较,就得到 5 个维度的每一个"差距分值",SERVQUAL 从分数 = 实际感受分数 – 期望分数。差距越小,服务质量的评价就越高;差距越大,服务质量的评价越低。

SERVQUAL 量表　　　　　　　　　　　　　　　　　　　　　表 6-2

要　素	组　成　项　目
有形性	1. 有现代化的服务设施 2. 服务设施具有吸引力 3. 员工有整洁的服装和外表 4. 企业的设施与他们所提供的服务相匹配
可靠性	5. 企业向顾客承诺的事情都能及时地完成 6. 顾客遇到困难时，能表现出关心并提供帮助 7. 企业是可靠的 8. 能准时地提供所承诺的服务 9. 正确记录相关的服务
响应性	10. 能告诉顾客提供服务的准确时间 11. 提供及时的服务 12. 员工非常愿意帮助顾客 13. 员工能满足顾客的需求
保证性	14. 员工是值得信赖的 15. 在从事交易时顾客会感到放心 16. 员工是有礼貌的 17. 员工可从企业得到适当的支持，以提供更好的服务
移情性	18. 企业会针对不同的顾客提供个别的服务 19. 员工会给予顾客个别的关怀 20. 员工了解顾客的需求 21. 企业优先考虑顾客的利益 22. 企业提供的服务时间能符合所有顾客的需求

　　不同行业中，5 个维度的重要性存在差异，但排序基本一致。在具体行业的应用当中，必须对该量表进行修正并重新验证其有效性，这包括增加和删减某些问项或维度来全面与真实地反映所研究的行业领域，以使量表适应不同的行业环境、服务环境和文化背景。

　　例如，某城市轨道交通企业根据其服务产品的质量特性或标准，在安全性、可靠性、经济性、便捷性、舒适性的每一种质量属性下面设计相关具体因素，其量表见表 6-3。

某城市轨道交通企业的服务质置 SERVQUAL 量表　　　　　　　表 6-3

要　素	组　成　项　目	期望值（E）	感知值（P）
安全性	1. 进出站秩序状况 X_1		
	2. 站台候车秩序状况 X_2		
	3. 上下车秩序状况 X_3		
	4. 车厢秩序状况 X_4		
	5. 安全服务设施标示及使用说明等 X_5		
	6. 紧急疏散标识清楚醒目 X_6		

续上表

要　　素	组　成　项　目	期望值(E)	感知值(P)
可靠性	7. 进出站闸机可靠 X_7		
	8. 导乘标识信息准确 X_8		
	9. 报站准确及时 X_9		
	10. 列车准点运行 X_{10}		
经济性	11. 票价合理 X_{11}		
	12. 票种多样 X_{12}		
便捷性	13. 购票时间短 X_{13}		
	14. 进出站时间短 X_{14}		
	15. 列车可达性强 X_{15}		
	16. 列车发车间隔合理 X_{16}		
	17. 列车运行速度快 X_{17}		
舒适性	18. 列车运行平稳 X_{18}		
	19. 车厢拥挤度低 X_{19}		
	20. 车站及车厢环境整洁 X_{20}		
	21. 工作人员响应乘客要求 X_{21}		
	22. 设置便民设施 X_{22}		

问卷调查的内容包括城市轨道交通服务质量的 5 个属性(维度)及与之相关的 22 个因素,每个因素又有期望值和感知值两个调查项。可在车站站台用随机抽样的方法,抽取一定数目的乘客,请他们对各项因素按自己的期望打分,得到各个 E_i 值;按自身感受打分,得到各个 P_i 值。问卷采用 7 分制,7 表示完全同意,1 表示完全不同意。中间分数表示不同的程度。

②SERVQUAL 计算过程。

首先要根据针对具体情况设计的量表,发放调查问卷,乘客打分并综合计算得出服务质量的分数,具体计算公式如下:

$$SQ_{单} = \sum_{i=1}^{n}(P_i - E_i)$$

式中,$SQ_{单}$ 为感知服务质量;P_i 为对乘客第 i 个因素的感知分数,$i = 1,2,\cdots,22$;E_i 为对乘客第 i 个因素的期望分数。

由上式获得的 $SQ_{单}$ 是在五个属性同等重要条件下单个顾客的总感知质量,但在现实生活中乘客对决定服务质量的每个属性重要性的看法是不同的。因此,在调查后,应确定每个服务质量属性的权重,通过加权平均可以得出更为合理的 SERVQUAL 分数。公式为:

$$SQ_{总} = \sum_{j=1}^{5}\left[w_j \sum_{i=1}^{n}(P_i - E_i) \right]$$

式中,w_j 为第 j 个属性的权重。

最后,将调查中所有乘客的 SERVQUAL 分数加总,再除以乘客人数 m,就得到某企业该项服务产品平均的 SERVQUAL 分数,即

$$SQ = \frac{1}{m}\sum_{i=1}^{m}SQ_i$$

其中，SQ 为感知服务质量；m 为被调查乘客的人数。

2.步行穿越调查法

步行穿越调查法是从顾客的角度出发，通过评价顾客在整个服务过程中经历的各个环节来测评服务质量的方法。步行穿越调查法的具体步骤是：

（1）绘制顾客消费的流程图。以城市轨道交通为例，步行穿越调查的整个过程包括：乘客通过站外引导标志进入车站—安检—进入站厅—购票—检票—上站台—候车—上车—乘车—下车—到站台—通过出站闸机—从出站口离开。

（2）按照流程图，列出顾客所能接触的各个要素，包括环境、设备、消费品、服务人员、其他顾客等内容，并设计形成调查问卷（表6-4）。

某城市轨道交通企业针对某车站进行的步行穿越调查问卷　　表6-4

服务阶段	服务项目	强烈反对	反对	无法判断	赞同	完全赞同
进站	1.容易看到站外引导标志 X_1					
	2.站外引导标志清楚准确 X_2					
	3.车站入口标识醒目 X_3					
	4.安检顺畅 X_4					
	5.进入站厅过程顺利通畅 X_5					
	6.问询服务周到规范 X_6					
	7.购票便捷 X_7					
	8.检票过程通畅，无延误 X_8					
候车	9.进入站台路径清晰 X_9					
	10.站台信息标识明确 X_{10}					
	11.候车时间较短 X_{11}					
	12.上车过程不拥挤 X_{12}					
乘车	13.车厢内整洁无异味 X_{13}					
	14.车厢温度适宜 X_{14}					
	15.车厢广播音量适中 X_{15}					
	16.报站清楚准确 X_{16}					
	17.车厢内路线图醒目 X_{17}					
	18.座位及扶手设置合理 X_{18}					
下车及出站	19.下车有序，先下后上 X_{19}					
	20.出站或换乘标识醒目 X_{20}					
	21.出站或换乘路程短 X_{21}					
	22.出站口信息准确清楚 X_{22}					
	23.验票出站方便、快捷 X_{23}					
评价	24.服务总体来说很优秀 X_{24}					
	25.服务还有较大的改进空间 X_{25}					
	26.工作人员态度热情 X_{26}					

注：针对每一服务项目的说法，在强烈反对、反对、无法判断、赞同、完全赞同处打"√"。

（3）发放问卷，由顾客填写消费过程中对每一个服务项目的评判。

（4）对有效问卷进行统计分析，找出顾客满意与不满意之处，并分析其原因。一般通过以下两步进行分析计算。

第一步，计算管理者、服务人员和乘客对各服务项目的评价值。

城市轨道交通企业管理者、服务人员和乘客分别填写问卷后，使用五点量法（将某人对某事的态度划分为五个等级）来测量乘客的感知：1 代表完全赞同，5 代表强烈反对。

评价方法：问卷数据可以初步评价乘客（管理者、服务人员）对每一服务项目的感知程度。每一项目得分取样本的均值，即可认为是乘客（管理者、服务人员）对此项目的感知值，公式如下：

$$\overline{X_i^k} = \frac{\sum_{j=1}^{n^k} X_{ij}^k}{n^k}$$

式中，$\overline{X_i^k}$为第 k 类评价者对第 i 服务项目的平均感知值，$i = 1,2,\cdots,26$，$k = 1,2,3$，其中，$k=1$ 代表乘客，$k=2$ 代表管理者，$k=3$ 代表服务人员；X_{ij}^k为第 k 类评价者中第 j 位对第 i 服务项目的感知值，$j = 1,2,\cdots,n^k$；n^k 为第 i 服务项目的 k 类评价者参评人数。

数值小表示对该服务项目的认同程度高；数值大表示对服务项目的否定程度大。当该服务项目的感知值大于3.5，我们认为是乘客（管理者、服务人员）对此项目持较大的否定态度；乘客（管理者、服务人员）感知值$\overline{X_i^k}$小于2，表示对此项目持较认同的态度。

第二步，计算各服务项目评价差距。

城市轨道交通企业针对各项服务项目的评价差距，即管理者、服务人员、乘客对某项服务内容评价的差距，包括管理者与乘客之间、管理者与服务人员之间、服务人员与乘客之间的评价差距。差距越大表示二者之间评价相关差异越大，反之评价相关一致性越好。对调查数据分析取值的绝对值大于 $c_i^{k-k'}$（评价差值）的服务项目，可以认为是双方感知有较大差距的项目，按"客户至上"的原则，对这些服务项目须重点关注并改进，以进一步完善服务。

$$c_i^{k-k'} = \left| \overline{X_i^k} - \overline{X_i^{k'}} \right|$$

式中，$c_i^{k-k'}$为管理者、服务人员或乘客针对第 i 项服务内容评价差值；$\overline{X_i^k}$，$\overline{X_i^{k'}}$为管理者、服务人员或乘客对第 i 项服务内容的平均感知评价；k，k' 分别为管理者、服务人员或乘客，$k \neq k'$。

当 $c_i^{k-k'} \leq c_i$ 时，两类评价者之间的差距较小，相关一致性较好；$c_i^{k-k'} > c_i$ 时，两类评价者之间评价相关差异较大，需要根据具体情况改进服务质量。

（5）按照对顾客意见的调查分析结论，对企业的实际情况进行纠偏、改进。

步行穿越调查能够提供顾客所期望的服务信息，通过其提供的涉及语言的、环境的、感知的及服务提示的信息，企业能够更好地定义面向顾客的服务和提高顾客的忠诚度。

三　城市轨道交通运营企业服务营销

1.服务质量与服务营销的关系

城市轨道交通服务质量的提高，不仅能带来服务品牌提升，而且直接影响服务营销的效果。同样，有效实施服务营销策略，也能促进服务质量的提升，提高乘客满意度，从而增加品牌认可度。

城市轨道交通属于公共交通，存在于大部分城市居民的日常生活中，服务质量的好坏关系到乘客对企业的认可度。同时，由于其普遍性及公共性，容易被人们忽略其服务特性，运营企业的任何一个不足或遗漏都可能造成重大影响，不利于企业长远发展。如何突出运营企业的服务性，并通过服务营销，让乘客感受到城市轨道交通运营企业的服务质量，是其长期发展的关键内容。

2.城市轨道交通运营企业服务营销策略

（1）拓展城市轨道交通运营企业服务营销渠道

随着信息技术的发展，营销和宣传渠道也不断扩宽。运营企业在进行品牌宣传时，可充分利用自有媒体（如 PIS 屏、站内 LED 屏、站内广播等）、传统媒体（如电视、报纸、广播等），还可以使用各类社交平台软件和短视频软件，如微博、微信、抖音和快手等。这些平台都具有较大的用户基础，能够在短时间内进行宣传，提升宣传的广度和时效性。

（2）提高服务人员的服务意识及水平

城市轨道交通运营企业应增强内部员工的服务意识，进行相关服务技能的培训，使其树立良好的服务观念，具有较为全面的服务能力，并在工作过程中不断进行自我提升。城市轨道交通运营企业还应引进先进的管理技术和服务技术，为服务体系的调整和升级提供基础。先进的管理技术有利于培育良好的服务体系，提升员工的专业性。完善的服务质量标准有利于规范员工的服务行为，利用服务标准对员工的工作进行指导和监督，有利于城市轨道交通工作人员耐心倾听乘客需求，与乘客进行有效沟通，并具有处理突发紧急事件的能力。

（3）重视乘客关系管理

首先，对自身服务进行有效的宣传。如城市轨道交通运营企业可以制作不同类型的宣传短片，介绍服务的内容和形式，向大家展示城市轨道交通风采等。

其次，重视乘客意见，及时进行服务补救。城市轨道交通运营企业应建立有效的乘客意见反馈机制，建立多途径乘客投诉渠道，收到投诉后应及时进行处理等。快速应对乘客抱怨和投诉，并依此提供相应的服务补救措施，可最大化减少乘客的不满意情绪。

3.城市轨道交通运营企业服务营销案例分析

案例一：西安地铁安保事件

2021 年 8 月 30 日，因乘客之间发生争执，西安地铁 3 号线一名女性乘客被地铁安保人员强制拖离车厢。网传视频显示，一位身穿黑色连衣裙的女子与一位男子发生争执。随后，该女子被身穿地铁安保服的工作人员强行拖拽出车厢，致该女子身体部分裸露，个人物品散落。视频发布后，在网络上引发热议。很多网友对安保人员"暴力执法"行为表示不满。

8 月 31 日，西安地铁官方发布情况说明，称："该女子乘车时辱骂身边乘客，并与部分人产生肢体冲突,严重影响了乘车秩序。列车安保人员在多次劝离未果后,与其他乘客一起将该女乘客带离车厢。"对此,有网民直呼西安地铁官方历数涉事女子数桩罪状,却只字未提安保人员的生拉硬拽,事件还原也是"只挑对自己有利的说"。官方通报一出,非但未能平息舆论,反而引发更大的争议。

9月2日,西安市公安局通报事件处理结果,安保人员陈某工作方法简单粗暴,但尚不构成违法犯罪。涉事安保人员被停职,轨道交通集团7人被处理。对此结果,也有不少网友认为,通报全篇只是道出了安保人员行为不构成违法被停职,但对于涉事女子没有一丝歉意、没有一句对不起,未免缺乏基本温度。所以,这两则通报非但未能止息争议,反而进一步造成了舆论风波。

(1)造成西安地铁深陷不良舆论的原因分析

①官方通告不够及时,舆论已经发酵起来之后,才发布了情况通报。

②官方通告内容被乘客认为避重就轻,推卸责任。

③对事件的处理缺乏温度,网民愤怒情绪没有化解,企业形象受损。

(2)改善与建议

①发现不良舆情时,第一时间进行通报,不仅缩小传播的范围,而且可以避免出现各种谣言。

②官方通报需保持客观,是理清事件责任归属的重要方面,能够让相关人员依法承担责任。

③处理过程中多一些合规合理,多一份温度担当,让公众看得懂、信得过。

案例二:成都地铁7·25停电晚点事件

某日早高峰8时25分,成都地铁1号线正迎来一天中最忙的时刻,然而,突然间,轨道上正在疾驶的列车猛然一紧慢了下来,"灯光变暗""空调也停了""列车也开始走走停停"——1号线遭遇了较大规模的列车延误事件。升仙湖至火车南站上行区间接触网失电,造成地铁1号线长达24分钟的列车延误,导致大量乘客行程耽搁。

早8时34分,1号线突发供电故障发生后9分钟,成都地铁官方微博发出运营提示,告知市民1号线列车发生故障,提醒乘客地铁发车间隔延长。成都地铁公司和成都地铁运营官微连续滚动发布微博,公布故障进展情况。

成都地铁公司还积极协调了新华社、人民网等多个新闻媒体、政务微博进行转发,迅速将故障情况与限流措施告知市民,并向乘客致歉。

成都地铁公司安排地铁运营公司新闻发言人在10时50分左右接受采访,通过权威发布,及时告知市民事件进展和应对措施。

处理措施如下:"自今天起10天内,凡因此次延误事件受到影响的地铁乘客,均可就近前往成都地铁任一车站,领取致歉信或办理退票手续。"

经验总结:

(1)在事发后第一时间利用新媒体发布信息,并及时滚动发布事件最新进展,化解公众焦虑、解答大众疑惑。

(2)及时向各大新闻媒体通报情况,并协调市级各部门和区市县政务微博进行了转发,进一步扩大宣传。

(3)接受媒体采访需求,积极回应、主动引导,由地铁运营公司新闻发言人向各大新闻媒体进行了权威发布。

(4)对于受到影响的乘客,诚恳道歉,后续处理措施有效,得到市民的支持与理解。

任务实施

地铁线路服务质量评价

任务描述:分组完成,选择当地地铁运营的一条线路,完成服务质量评价。

任务要求:

(1)通过SERVQUAL评价方法,在SERVQUAL量表五个要素的基础上,增加方便和安全两个要素,并对每个要素的概念和内涵进行界定,编制服务调查问卷,通过实地调查方法收集数据,分析评估运营企业服务质量、乘客满意度及现有需求等,并在此基础上提出相应的改善措施。

(2)问卷测试对象。建议选择线路中客流量较大,且有显著问题的车站,采用随机取样的方法选择测试对象,不考虑测试对象的性别、年龄、职业、收入水平等差异。分别在非高峰期和高峰期发放问卷。

(3)需要对总体的期望、感知服务质量以及满意度进行描述统计和配对检验(即差异显著性检验)。

(4)某城市轨道交通运营企业服务质量乘客满意度调查问卷示例如下。

尊敬的女士/先生:

您好!

××地铁为了更好地为您服务,通过本次不记名调查了解您对地铁服务的满意情况,请您根据下表的相关信息,在认可的选项处打"√"。

1.综合评价

请您根据××地铁服务的总体印象,为地铁的综合服务打分:_____。

2.对服务项目评价(表6-5)

服务项目评价表   表6-5

类别	服 务 项 目	很满意	比较满意	一般	不太满意	非常不满意
服务设施	1.车站座椅	5	4	3	2	1
	2.车站广播	5	4	3	2	1
	3.列车广播	5	4	3	2	1
	4.便民设施(公用电话、ATM、报刊销售等)	5	4	3	2	1
	5.卫生间设施设备	5	4	3	2	1
	6.交通一卡通信息查询	5	4	3	2	1
	7.导向标志(进出站、乘车等)	5	4	3	2	1
	8.自动售票	5	4	3	2	1
	9.自动检票	5	4	3	2	1

续上表

类别	服 务 项 目	很满意	比较满意	一般	不太满意	非常不满意
服务设施	10.自动扶梯运转状况	5	4	3	2	1
	11.车内扶手杆、拉环的设置	5	4	3	2	1
	12.盲道和其他无障碍设施	5	4	3	2	1
	13.车站地面、墙面的平整完好	5	4	3	2	1
列车运行	14.首末车时间	5	4	3	2	1
	15.列车运行速度	5	4	3	2	1
	16.列车运行准点情况	5	4	3	2	1
	17.列车间隔时间	5	4	3	2	1
安全保障	18.行车安全	5	4	3	2	1
	19.上下车秩序	5	4	3	2	1
	20.上下车组织疏导	5	4	3	2	1
	21.出入口进出站秩序	5	4	3	2	1
	22.安全乘车宣传(报警、处置、逃生方法等)	5	4	3	2	1
	23.列车关门前提示(提示铃、提示音)	5	4	3	2	1
	24.列车运行平稳度	5	4	3	2	1
应急服务	25.紧急情况下的车站广播	5	4	3	2	1
	26.紧急情况下的列车广播	5	4	3	2	1
	27.紧急情况下的站务员的引导与信息提供	5	4	3	2	1
车站环境	28.车站设备噪声量	5	4	3	2	1
	29.车站卫生	5	4	3	2	1
	30.车站通风	5	4	3	2	1
	31.车站温度	5	4	3	2	1
	32.车站照明	5	4	3	2	1
	33.卫生间卫生	5	4	3	2	1
	34.垃圾箱的数量和位置	5	4	3	2	1
	35.车站广告数量	5	4	3	2	1
车厢环境	36.列车运行噪声量	5	4	3	2	1
	37.车厢内卫生	5	4	3	2	1
	38.车厢内温度	5	4	3	2	1
	39.车厢内通风	5	4	3	2	1
	40.车厢照明	5	4	3	2	1
	41.列车广告数量	5	4	3	2	1

续上表

类别	服 务 项 目	很满意	比较满意	一般	不太满意	非常不满意
人员服务	42.服务人员的着装及精神面貌	5	4	3	2	1
	43.服务人员的行为举止	5	4	3	2	1
	44.服务人员的服务主动性	5	4	3	2	1
	45.服务人员的服务态度和语言	5	4	3	2	1
	46.服务人员解答问询快速、准确	5	4	3	2	1
换乘	47.地铁线路之间的换乘	5	4	3	2	1
	48.换乘的候车时间	5	4	3	2	1

3.投诉处理

（1）是否有投诉经历：是_____否_____

（2）您若有投诉经历请填写表6-6。

投诉处理评价表 表6-6

类别	投诉处理评价项目	很满意	比较满意	一般	不太满意	非常不满意
投诉处理	1.接待投诉乘客的态度、语言	5	4	3	2	1
	2.热线接听及时	5	4	3	2	1
	3.热线接线员说话的语气、音量	5	4	3	2	1
	4.投诉处理速度	5	4	3	2	1
	5.投诉处理结果	5	4	3	2	1

4.您的个人信息（见表6-7）

乘客个人信息表 表6-7

性别	①男　　②女	是否为常住人口 (本市经常在家居住半年以上)	①是　　②否
年龄	①＜20　②21～30　③31～40　④41～50　⑤51～60　⑥＞60		
学历	①初中及以下　②高中/中专　③大专/本科　④硕士/博士		
职业	①公务员　②企业员工　③自由职业　④私营业主　⑤学生　⑥军人　⑦农民 ⑧离退休人员　⑨各种专业人士(如教师、医生、科研技术人员)　⑩其他(请注明_____)		
月收入	①无收入　②＜800　③800～2000　④2001～4000　⑤4001～6000 ⑥6001～8000　⑦＞8000		
乘坐地铁支出来源	①完全自费　②单位部分报销　③单位全额报销　④领取交通补贴		

调查时间：_____时_____分　　　　线　路：_____　　　　站　名：_____

调查员：_____　　　　监督员：_____

任务评价

某线路服务质量评价评分表见表6-8。

某线路服务质量评价评分表　　　　　　　　　　　　　　表6-8

考 核 项 目	考 核 要 求	得　　分	备　　注
1.调查问卷设计(30分)	调查问卷设计总体科学合理,问题容易回答(20分) 满足七个要素(10分)		
2.调查问卷发放和回收(30分)	调查问卷回收数量10~20份(5分) 调查问卷回收数量20~30份(10分) 调查问卷回收数量30份以上(15分)		
3.调查问卷分析及配对检验(20分)	1.根据调研表,车站问题总结正确全面(10分) 2.车站问题的原因分析合理(10分)		
4.措施(20分)	是否应对合理(10分) 是否科学有效(10分)		

知识巩固

一、判断题

1.按照评价的主体,城市轨道交通服务质量评价可分为政府评价、社会评价、企业评价和乘客评价。　　　　　　　　　　　　　　　　　　　　　　　　　　　　　　（　　　）

2.按照评价标准来分,城市轨道交通服务质量评价方法主要包括两类,即软性评价和硬性测评。　　　　　　　　　　　　　　　　　　　　　　　　　　　　　　　　（　　　）

3.社会评价主体包括各类社会群体,如乘客、社会媒体、行业管理机构等。

　　　　　　　　　　　　　　　　　　　　　　　　　　　　　　　　　　　　（　　　）

4.在乘客评价中最具影响力的是乘客满意度评价,对服务质量的改进更具有针对性。　　　　　　　　　　　　　　　　　　　　　　　　　　　　　　　　　　　　（　　　）

5.硬性评价中常用的方法主要有SERVQUAL方法和步行穿越调查法。　（　　　）

二、简答题

1.城市轨道交通服务质量常用评价方法有哪几种?请简要阐述。

2.简述各种服务质量评价方法的特点。

参 考 文 献

[1] 北京地铁运营有限公司运营三分公司.北京地铁操作类员工岗位培训教材站务员岗位基础知识[M].北京:人民交通出版社股份有限公司,2018.

[2] 李明佳,王晶晶.铁路客运服务礼仪实务[M].北京:中国铁道出版社,2021.

[3] 刘莉娜.城市轨道交通客运组织[M].3版.北京:人民交通出版社股份有限公司,2021.

[4] 上海申通地铁集团有限公司轨道交通培训中心.城市轨道交通车站客运服务[M].北京:中国铁道出版社,2019.

[5] 裴瑞江.城市轨道交通客运组织[M].3版.北京:机械工业出版社,2021.

[6] 贾俊芳.城市轨道交通服务质量管理[M].北京:北京交通大学出版社,2012.

[7] 朱海燕,王伟雯,何静,等.城市轨道交通客运组织[M].北京:中国铁道出版社,2009.

[8] 王寿魁.非正常投诉的外部成因[J].中国标准导报,2006(05):12-15.

[9] 皋琴,李卫军,饶培伦,等.北京地铁服务质量评价[J].城市轨道交通研究,2011(02):42-48.